Collection dirigée par Henri Mitterand

Antigone

Jean Anouilh

- **des repères pour situer l'auteur, ses écrits, l'œuvre étudiée**

- **une analyse de l'œuvre sous forme de résumés et de commentaires**

- **une synthèse littéraire thématique**

- **des jugements critiques, des sujets de travaux, une bibliographie**

Carmen Tercero
Agrégée de Lettres modernes

La vie
de Jean Anouilh

Jean Anouilh a toujours souhaité rester très discret sur sa vie privée et sa biographie éclaire surtout les vingt premières années de sa vie.

Né le 23 juin 1910 à Bordeaux, d'un père tailleur, François Anouilh, et d'une mère violoniste, Marie-Magdeleine Soulue, il fait ses études secondaires à Paris, où il fréquente l'école primaire supérieure Colbert, puis le collège Chaptal.

Il commence ensuite des études de droit, puis passe deux ans dans une maison de publicité : expérience très formatrice, dont il rendra compte, peu avant sa mort, dans *La vicomtesse d'Éristal n'a pas reçu son balai mécanique*.

À 18 ans, le jeune homme fréquente assidûment la Comédie des Champs-Élysées, dirigée par Louis Jouvet. Un soir, il est ébloui par la représentation, en 1928, du *Siegfried* de Giraudoux et décide de se consacrer au théâtre. Il remplace alors Georges Neveux comme secrétaire général du théâtre de Louis Jouvet — fonction que son départ au service militaire, en 1930, oblige à quitter.

À son retour, en 1931, il épouse l'actrice Monelle Valentin, dont il a une fille, Catherine, et écrit *Hermine* en 1932. En 1953, il épouse Charlotte Chardon qui lui donne trois enfants : Caroline, Nicolas et Marie-Colombe.

Pour le reste, sa vie se réduit à son œuvre : quelque peu misanthrope, il s'est surtout exprimé dans plus de quarante comédies qui, pour la plupart, ont été représentées. Souvent boudé de la critique, il a toujours été bien accueilli par un public fidèle.

Jean Anouilh est mort en décembre 1987.

VIE ET ŒUVRE DE JEAN ANOUILH	ÉVÉNEMENTS POLITIQUES, SOCIAUX ET CULTURELS
1910 Naissance à Bordeaux	1913 → 1916 Travaux d'Einstein
	1914 → 1918 Première Guerre mondiale
1918 → 1929 Études à Paris	1919 Traité de Versailles
1928 Assiste à la représentation du *Siegfried* de Giraudoux	1928 Breton, *Nadja* Malraux, *Les Conquérants*
	1929 Krach de Wall Street et crise mondiale
1931 Mariage avec Monelle Valentin	1931 Pagnol, *César* Chaplin, *Les Lumières de la ville*
1932 *Hermine*	1932 Céline, *Voyage au bout de la nuit*
1933 *La Mandarine*	1933 Hitler chancelier
	1934 Émeutes à Paris
1935 *Y avait un prisonnier,* dont les droits sont achetés par Hollywood	1935 Artaud, *Le Théâtre de la cruauté* Giraudoux *La guerre de Troie n'aura pas lieu*
1937 *Le Voyageur sans bagage*	1936 → 1938 Front populaire 1936 → 1939 Guerre civile en Espagne
1938 *La Sauvage* *Le Bal des voleurs*	1938 Sartre, *La Nausée* Annexion de l'Autriche
1939 *Léocadia* *Le Rendez-vous de Senlis*	1939 → 1945 Deuxième Guerre mondiale
	1940 Appel du 18 juin
	1941 Pearl Harbour ; l'Allemagne attaque l'URSS
1942 *Eurydice*	1942 Camus, *L'Étranger, Le Mythe de Sisyphe*
1943 Film : *Le Voyageur sans bagage*	1943 Sartre, *Les Mouches*
1944 *Antigone*	1944 Sartre, *Huis clos* Camus, *Caligula* Mort de Giraudoux Débarquement en Normandie
	1945 Bombe atomique à Hiroshima
1946 *Roméo et Jeannette*	1946 Quatrième République
1947 *L'Invitation au château*	1947 Début de la guerre d'Indochine Genet, *Les Bonnes*

1948	*Ardèle ou la Marguerite*	**1948**	État d'Israël Montherlant, *Malatesta* Brecht, *Antigone*
		1949	République populaire de Chine ; l'OTAN Ionesco, *La Cantatrice chauve*
1950	*La Répétition ou l'Amour puni*		
1951	*Colombe* Scénario : *Pour deux sous de violettes*	**1950**	Guerre de Corée Cocteau, *Orphée*
1952	*La Valse des toréadors*	**1952**	Beckett, *En attendant Godot*
1953	*L'Alouette* *Médée* Mariage avec Charlotte Chardon	**1953**	Mort de Staline
		1954	Diên-Biên-Phu
		1955	Guerre d'Algérie
1955	*Ornifle ou le Courant d'air*	**1956**	Crise hongroise ; crise de Suez
1956	*Pauvre Bitos ou le Dîner de têtes*	**1957**	CEE Beckett, *Fin de partie* Butor, *La Modification*
1959	*L'Hurluberlu ou le Réactionnaire amoureux* *La Petite Molière* Prix Dominique *Becket ou l'Honneur de Dieu*	**1958**	Cinquième République
1960	Film : *La Mort de Belle*		
1961	Film : *La Nuit des rois*		
1962	*La Foire d'empoigne*	**1962**	Algérie indépendante Ionesco, *Le roi se meurt*
1963	Mise en scène de *Victor ou les Enfants au pouvoir*	**1963**	Assassinat de Kennedy
1968	*Le Boulanger, la Boulangère et le Petit Mitron*	**1964**	Sartre, *Les Mots*
		1966	Viêt-nam bombardé
1969	*Cher Antoine ou l'Amour raté*	**1968**	Événements de mai ; invasion de Prague par les Soviétiques
1970	*Ne réveillez pas Madame*		
1972	*Tu étais si gentil quand tu étais petit* *Le Directeur de l'Opéra*	**1969**	Départ de De Gaulle
1974	*Monsieur Barnett*	**1974**	Valéry Giscard d'Estaing président
1976	*Chers Zoiseaux*		
1978	*Œdipe ou le Roi boiteux*		
1980	*La Belle Vie* *Épisode de la vie d'un auteur*	**1979**	Révolution islamique en Iran
1981	*Le Nombril*	**1981**	François Mitterrand président
1987	*La vicomtesse d'Éristal n'a pas reçu son balai mécanique* Décès *Thomas More* (posthume)		

Jean Anouilh en 1953.

L'œuvre de Jean Anouilh

Le classement de l'œuvre

En plus de quarante-cinq ans de théâtre, Jean Anouilh nous a offert près de cinquante pièces. Il a regroupé la plupart de celles-ci sous 10 rubriques :

Pièces noires : *Hermine, La Sauvage, Le Voyageur sans bagage, Eurydice.*

Nouvelles pièces noires : *Jézabel, Antigone, Roméo et Jeannette, Médée.*

Pièces grinçantes : *Ardèle ou la Marguerite, La Valse des toréadors, Ornifle, Pauvre Bitos.*

Nouvelles pièces grinçantes : *L'Hurluberlu, La Grotte, L'Orchestre, Le Boulanger, la Boulangère et le Petit Mitron, Les Poissons rouges.*

Pièces brillantes : *L'Invitation au château, Colombe, La Répétition ou l'Amour puni, Cécile ou l'École des pères.*

Pièces roses : *Humulus le muet, Le Bal des voleurs, Le Rendez-vous de Senlis, Léocadia.*

Pièces costumées : *L'Alouette, Beckett ou l'Honneur de Dieu, La Foire d'empoigne.*

Pièces baroques : *Cher Antoine, Ne réveillez pas Madame, Le Directeur de l'Opéra.*

Pièces secrètes : *L'Arrestation, Tu étais si gentil quand tu étais petit, Le Scénario.*

Pièces farceuses : *Chers Zoiseaux, La Culotte, Épisode de la vie d'un auteur, Le Nombril.*

Variations sur un thème unique

Seules *La Belle Vie, Monsieur Barnett, Œdipe ou le Roi boiteux* et *Thomas More ou l'Homme libre* échappent à ce classement, mais celui-ci, s'il semble opposer les « pièces brillantes » aux « pièces secrètes », les « pièces noires » aux « pièces farceuses » est, somme toute, assez artificiel. En effet, la leçon à tirer de *La Répétition ou l'Amour puni* n'est pas plus gaie que celle d'*Antigone*. D'autre part, on trouve des sujets extraits de l'Antiquité dans plusieurs des groupements, de même que des sujets historiques. En réalité, le classement proposé prend en compte la manière de traiter un sujet, plus que le sujet lui-même. Certains sont d'ailleurs allés jusqu'à accuser Anouilh d'écrire en fin de compte toujours la même pièce. Cette affirmation apparaît injuste — en particulier à la lecture d'*Antigone* — et il serait malhonnête de réduire l'auteur à un dramaturge virtuose qui abuse des « ficelles » du métier.

Toutefois, il faut bien admettre qu'il s'agit d'un théâtre où ce ne sont pas les idées, mais les personnages qui sont au premier plan. Ceux-ci manifestent généralement une difficulté d'adaptation au cadre familial et à la vie, au sens plus large. De plus, ce sont des êtres marqués par le sceau du destin et par une sorte de nostalgie du bonheur et de la vérité. Mais, avec le temps, l'amertume du jeune auteur se tempère. Et Thomas More, le héros de sa dernière pièce — personnage que l'on sent très autobiographique — réussit à être un « homme libre » malgré le monde qui l'entoure.

Le théâtre dans le théâtre

Une autre évolution est sensible dans cette œuvre si diverse. Fasciné par l'élégance du langage de Giraudoux, Anouilh se montre lui aussi extrêmement brillant dans le maniement de registres très divers et dans la reprise des mythes. Héritier de Pirandello, il représente sur scène la représentation elle-même, c'est-à-dire le théâtre dans le théâtre : des titres comme *Le Directeur de l'Opéra, Le Scénario, Épisode de la vie d'un auteur* en témoignent, qui illustrent bien cette dévalorisation progressive du fond au profit de la forme et cette suprême habileté du dramaturge qui masque, par un art parfaitement maîtrisé, l'anéantissement des valeurs.

On trouvera dans le lexique (voir p. 94) la définition des termes marqués d'un astérisque.

Le mythe des Labdacides
(Œdipe et sa famille)

Fils de Laïos, roi de Thèbes, et de Jocaste, Œdipe est abandonné sur le mont Cithéron après qu'un oracle a annoncé qu'il tuerait son père et épouserait sa mère. Il est alors recueilli et élevé par Polybos, roi de Corinthe. Devenu adulte, il prend connaissance de la prédiction mais croit qu'elle concerne ses parents adoptifs. Il s'enfuit alors et, sur son chemin, se querelle avec un voyageur, qu'il tue : c'était son père, Laïos.

Arrivée à Thèbes, Œdipe affronte le Sphinx*, monstre envoyé par les dieux aux Thébains, qui dévorait les voyageurs ne sachant pas résoudre ses énigmes. Œdipe, seul, réussit à répondre et délivre ainsi Thèbes du fléau qui pesait sur elle. Il reçoit en récompense le royaume, et Jocaste pour épouse. C'est l'accomplissement de l'oracle. Naissent de cet inceste quatre enfants : Étéocle et Polynice, Ismène et Antigone.

Des années plus tard, la peste ravage Thèbes. Pour s'en défaire, Œdipe consulte l'oracle et apprend qu'il doit trouver l'assassin de Laïos. Une enquête minutieuse lui révèle qu'il est lui-même le coupable : il a assassiné son père et épousé sa mère. Bouleversée par cette révélation, Jocaste se pend et Œdipe se crève les yeux. Chassé par ses fils, il part mendier sur les routes, guidé par sa fille Antigone. Dans un bois, près d'Athènes, il disparaît mystérieusement au milieu des éclairs.

La fatalité qui pèse sur la descendance de Laïos, les Labdacides, ne s'arrête pas pour autant. En effet, les deux fils de l'inceste, Étéocle et Polynice, restent à Thèbes pour se partager le pouvoir. Ils décident de régner chacun une année à tour de rôle. Cependant, au bout d'un an, Étéocle, qui a régné le premier, refuse de rendre le trône et chasse son frère. Celui-ci se réfugie auprès d'Adraste, le roi d'Argos et, avec six autres chefs, décide d'assiéger les sept portes de Thèbes.

Les deux frères s'entre-tuent au combat et c'est leur oncle, Créon, devenu roi, qui sauve la ville. Il rétablit l'ordre en rendant les honneurs funéraires à Étéocle, mais ordonne de laisser pourrir au soleil le corps de Polynice, interdisant à quiconque de l'ensevelir, sous peine de mort. Pourtant Antigone, par piété fraternelle, outrepasse ses ordres. Elle est condamnée à être enterrée vivante et se pend dans son tombeau.

Enfin, la fatalité triomphe définitivement dix ans plus tard quand les Épigones, fils des six chefs étrangers qui avaient combattu avec Polynice, les vengent en prenant Thèbes.

Le destin de cette famille nous a été rapporté par les œuvres des auteurs dramatiques de l'Antiquité, en particulier celles d'Eschyle (525-456 av. J.-C.) et de Sophocle (496-406 av. J.-C.) dont Anouilh s'est inspiré.

Tableau généalogique

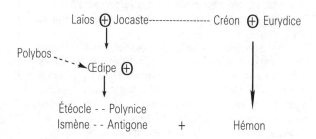

Laïos ⊕ Jocaste----------------- Créon ⊕ Eurydice

Polybos - - -► Œdipe ⊕

Étéocle - - Polynice
Ismène - - Antigone   +   Hémon

Légende
→ fils   ---> fils adoptif   -- frère ou sœur
⊕ mariés   + fiancés

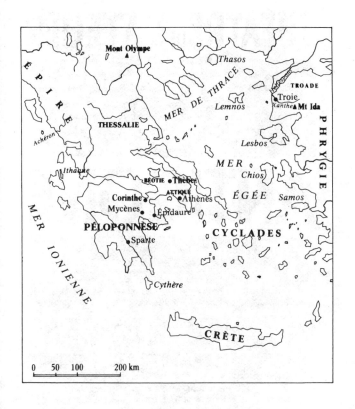

ÉPIRE

Mont Olympe ▲

Thasos

MER DE THRACE

TROADE

Troie ●
Xanthe ▲ Mt Ida

Lemnos

THESSALIE

Lesbos

PHRYGIE

Achéron

Ithaque

MER
IONIENNE

BÉOTIE ● Thèbes

ATTIQUE

Corinthe ●   ● Athènes

Mycènes ●   ● Épidaure

PÉLOPONNÈSE

● Sparte

MER
ÉGÉE

Chios

Samos

CYCLADES

Cythère

MER

CRÈTE

0   50   100   200 km

THÉÂTRE DE L'ATELIER

ANDRÉ BARSACQ

PLACE D'ANCOURT

PARIS · XVIIIème

MON. 49-24-Métro

ANVERS · PIGALLE

ANTIGONE

TRAGÉDIE DE JEAN ANOUILH
MISE EN SCÈNE D'ANDRÉ BARSACQ
avec par ordre d'entrée en scène :
BOVERIO · MONELLE VALENTIN · SUZANNE FLON · ANDRÉ LE GALL
JEAN DAVY · JEAN MEZERAY · SUZANNE DALTHY · ODETTE TALAZAC
R.G. REMBAUVILLE · BEAUCHAMP · PAUL MATHOS · JEAN SYLVER

ET

A QUOI RÊVENT LES JEUNES FILLES

COMÉDIE D'ALFRED DE MUSSET
MUSIQUE DE SCÈNE D'HENRI SAUGET · DÉCOR ET COSTUMES D'ANDRÉ BARSACQ
avec par ordre d'entrée en scène :
LUCE CLAMENT · JACQUELINE RICARD · ANNIE TALBERT · BOVERIO
CARLOS MUYER · ROBERT DHÉRY · PAUL MATHOS · JEAN-PIERRE GRANVAL
ANDRÉ REYBAZ · JEAN SYLVER · BEAUCHAMP

SOIRÉES A 19"15
SAUF DIMANCHES ET LUNDIS

DIMANCHES : 2 MATINÉES
14 HEURES ET 17"30

Sommaire
d'*Antigone*

Le Prologue commence par dresser le portrait des personnages du drame, qui défilent silencieusement sur scène. Puis la pièce débute véritablement, avec le retour furtif, à l'aube, d'Antigone, rêveuse. Malgré les remontrances de sa vieille nourrice et celles, mystérieuses, de sa sœur Ismène, elle ne s'explique pas sur son escapade. Peu après, elle annonce à Hémon, son fiancé, qu'ils ne se marieront pas. L'énigme est bientôt éclaircie : après s'être réfugiée auprès de sa nourrice, Antigone révèle à Ismène qu'elle a recouvert d'un peu de terre le corps de leur frère Polynice, au mépris de l'interdiction royale.

Nous retrouvons alors le roi Créon au palais, où le garde Jonas tente d'annoncer la fâcheuse nouvelle. Une intervention du Chœur* oppose ensuite la tragédie*, où tout est joué d'avance, au drame*, dans lequel tous pourraient encore « se sauver ». Puis Antigone est emmenée par des gardes grossiers devant un roi incrédule qui tente d'étouffer l'affaire par affection pour sa nièce. Mais le face-à-face qui l'oppose à Créon met en évidence le fossé qui sépare leurs conceptions de la vie et du devoir. Ebranlée par le récit de Créon, qui cherche à tout prix à la sauver, Antigone a compris que l'histoire sordide de ses deux frères ne mérite pas le sacrifice de sa vie. Mais le bonheur qu'on lui promet l'écœure. Elle préfère mourir. Ismène lui propose de l'accompagner dans la mort, mais Antigone rejette ce courage soudain, qu'elle juge trop facile.

Créon se décide alors à accomplir son « devoir » de roi sans tenir compte ni des mises en garde du Chœur ni de l'intervention d'Hémon, qui refuse de voir dans son père ce politique cynique qui lui demande de « devenir un homme ». Resté seul, le roi ne sort de son abattement que pour protéger la condamnée de la foule haineuse. L'héroïne tente alors une dernière fois de communiquer avec un être humain, mais cet être est un garde grossier, avec lequel la communication est impossible. Sa solitude et la gratuité de son acte lui pèsent ; même les derniers mots d'amour adressés à Hémon lui semblent ridicules.

Le Chœur vient enfin annoncer le dénouement et un messager entre pour raconter à la reine Eurydice l'exécution capitale : Antigone s'est pendue et Hémon s'est poignardé après avoir menacé son père. Pourtant, de nouvelles épreuves attendent encore Créon : lorsqu'il revient du palais, c'est pour apprendre la mort de sa silencieuse épouse. Il se sent soudain très las, désabusé, mais son page le rappelle à ses tâches quotidiennes. Le Chœur conclut alors : l'engrenage fatal a parfaitement fonctionné. Créon n'a plus qu'à attendre la mort. Cependant, la vie continue ; elle est incarnée par ces gardes, anonymes, qui reviennent jouer aux cartes comme si de rien n'était.

Les personnages

La famille royale

Antigone : jeune fille maigre et noiraude, sauvage et romanesque. Après la mort de Jocaste et d'Œdipe — ses parents et anciens rois de Thèbes —, puis celle de ses frères Etéocle et Polynice, qui se sont entre-tués pour le pouvoir, il ne lui reste plus qu'une sœur, Ismène. Mais elle a un fiancé, Hémon — le fils de son oncle, le roi Créon.

Créon : roi de Thèbes, c'est lui qui a rétabli l'ordre après la guerre fratricide. Cet ancien amateur éclairé, et riche dilettante, est maintenant un homme sage et sans illusions. Amer et désabusé, il assure son « métier de roi » sans grande conviction, mais parce qu'il le faut. Cette « sale besogne » à laquelle il dit « oui », il la fera jusqu'au bout.

Hémon : beau jeune homme tombé sous le charme étrange d'Antigone, il représente le monde de l'adolescence qui n'a pas perdu les illusions de la jeunesse et croit encore au bonheur.

Ismène : c'est la féminité incarnée. Jolie, coquette, adulée, mais peu courageuse, elle est, physiquement et moralement, l'opposé de sa sœur.

Eurydice : épouse de Créon, c'est une vieille dame silencieuse, aux occupations modestes, que l'on imagine telle une Ismène qui aurait pris de l'âge et de l'embonpoint. Elle apparaît peu sur scène, mais le récit de sa mort occupe une place importante à la fin de la pièce.

Les autres personnages

La nourrice : bougonne et soucieuse du bien-être des jeunes princesses qu'elle a élevées, cette domestique loyale et fruste joue, tant bien que mal, le rôle de la mère disparue.

Le garde Jonas : personnage caricatural qui réunit les caractéristiques du fonctionnaire timoré et borné, et de l'agent brutal d'un régime autoritaire, il représente, par excellence, ce monde médiocre et bas qu'Antigone refuse.

Deux personnages occupent une place particulière dans la tragédie d'Anouilh : le **Prologue**, qui n'a — comme il se doit — qu'un rôle initial, et le **Chœur**. Ce ne sont pas des personnages comme les autres. Leur fonction est purement « dramatique » et leur existence résulte d'une convention implicite passée avec le public. Ils ont chacun leurs caractéristiques : le Prologue est sarcastique et un peu désabusé, alors que le Chœur est tantôt le porte-parole de l'auteur, tantôt la conscience morale de Créon.

Résumés et commentaires

PROLOGUE
(p. 9 à 13)

RESUME

L'explication de l'action* et la présentation des acteurs du drame est faite par un personnage de convention théâtrale, le Prologue.

Dans un décor peu défini, sans indication de temps ni d'espace, se trouvent rassemblés les personnages de la pièce, tout à leurs occupations. Antigone semble concentrée sur son rôle de jeune fille insignifiante qui, par la fatalité de son nom, va devoir se dresser contre l'autorité et mourir. A côté d'elle, sa sœur Ismène paraît se moquer du public, parlant et riant avec un jeune homme. Celui-ci est le fiancé d'Antigone, Hémon, dont la déclaration d'amour a surpris tout le monde. Nous voyons ensuite le père d'Hémon, le roi Créon, auprès de son page. Il est décrit comme un homme fatigué du pouvoir, qui se souvient avec nostalgie de son passé de riche esthète. C'est la mort d'Œdipe et de ses fils qui l'a obligé à s'atteler à la tâche ingrate du politique. Quant à sa femme, Eurydice, elle tricote à côté de la nourrice, et ne fera rien d'autre durant toute la tragédie. Viennent enfin les personnages secondaires : le Messager, pâle comme la mort qu'il doit annoncer et qui le rend digne, et les gardes, rougeauds, qui jouent aux cartes dans leur coin : pères de famille aux allures de mauvais garçons, ils ont pour fonction d'appliquer les décisions de justice comme des machines bien huilées.

Après avoir présenté tous les personnages, le Prologue annonce le début de l'action et résume la situation : la rivalité des deux fils d'Œdipe, leur mort et l'interdiction de rendre au « mauvais frère », Polynice, les honneurs funèbres.

Pendant que le Prologue parlait, les personnages sont sortis un à un, comme dans un défilé. Le Prologue s'en va maintenant lui aussi. La Tragédie peut commencer.

COMMENTAIRE

Une « exposition » bien particulière

La pièce débute par une présentation étrange, distanciée et presque artificielle des personnages, qui tient lieu de scène d'exposition*. Il s'agit d'un **tableau vivant, direct et visuel**, où le langage employé est familier, très accessible au public. Les présentatifs (« voilà », « c'est ») sont nombreux, ainsi que les adjectifs démonstratifs (« cet homme », « ce garçon pâle »…), comme si les personnages étaient montrés du doigt, et les phrases sont le plus souvent courtes et juxtaposées en asyndète*. Sont ainsi soulignés et mis en valeur les noms ou les fonctions que devra retenir le public, à qui le Prologue s'adresse d'ailleurs directement (« Vous les connaissez tous ») et dont il se fait le complice (« nous tous »).

Le prologue et la tradition théâtrale

Pour l'habitué du théâtre classique, le personnage du Prologue est surprenant. Or, cette ouverture — où un personnage se charge de présenter le sujet de la pièce au public — était tout à fait courante chez les tragiques grecs. Et l'on trouve également ce procédé **chez des auteurs comiques romains** comme Plaute et Térence, où le *Prologus* est chargé de gagner les faveurs du public.

Cette double origine — tragédie et comédie — peut contribuer à expliquer le **mélange des tons et des registres** que l'on constate ici : d'une part ces princes et ces rois nous apparaissent bien proches de nous, d'autre part, le couple royal côtoie des personnages de comédie (la nourrice) ou de mélodrame (les gardes). Mais c'est également d'une certaine conception de la tragédie qu'il s'agit. Cette dernière, sans rien perdre de sa noblesse, ne concerne plus exclusivement les princes. En revenant à la tradition antique, Anouilh abolit les règles classiques du genre, et propose une vision contemporaine de la tragédie.

En 1944, le tragique est quotidien et concerne tout le monde : « nous tous » dit le Prologue, comme si le public était le peuple de Thèbes, frappé par le destin. Et s'il est dit que l'humble Eurydice doit mourir, comme la fière Antigone, c'est parce que la tragédie n'épargne personne.

La présentation des personnages

Deux phrases délimitent la première partie de cette exposition : « Ces personnages vont vous jouer l'histoire d'Antigone » (p. 9), et « Et maintenant [...] ils vont pouvoir vous jouer leur histoire » (p. 12). Le Prologue y fait le portrait de chacun des personnages dans un ordre déterminé par leur importance respective : on va de l'héroïne aux gardes anonymes, et de l'individu au groupe. D'autre part, les portraits se succèdent logiquement : le lien est avant tout familial (Hémon, puis Créon, puis Eurydice), même si certains rapprochements, comme celui d'Antigone et d'Ismène, ont également pour but de créer un effet de contraste.

De fait, les oppositions manifestes de gestes et de comportements révèlent la **coexistence de deux humanités** : l'une frivole (Ismène), ou fruste (la reine et la nourrice), voire grossière (les gardes), l'autre responsable, et presque accablée par cette responsabilité (Antigone et Créon, bien sûr, mais aussi le Messager). Le jeune page, parce qu'il est encore un enfant, est le seul à échapper à cette classification.

Les personnages sont également caractérisés par leur nom. Les protagonistes ont un nom propre (Antigone, Ismène, Hémon, Créon et Eurydice), tandis que les autres sont désignés par l'activité qu'ils exercent. L'anonymat frappe donc les humbles, instruments du destin peut-être, mais non ses victimes. Car le nom porte en lui-même la marque du destin : « Mais il n'y a rien à faire. Elle s'appelle Antigone… »

Enfin, chaque portrait est construit de la manière suivante : une rapide description physique, la notation d'une attitude caractéristique (« Cet homme robuste […] qui médite là ») et un bref rappel du passé du personnage. Or cette évocation de la situation de chacun, au moment où la tragédie va commencer, débouche inévitablement sur la perspective d'un **avenir à la fois mystérieux et inévitable** : si Antigone « pense qu'elle va mourir », Hémon, lui « ne savait pas […] que ce titre princier lui donnait seulement le droit de mourir ».

Des portraits à la légende : le poids de la fatalité

« Et maintenant […] ils vont pouvoir vous jouer leur histoire. » Le ton change avec le passage des portraits à la légende. Le Prologue n'est plus seulement un spectateur parmi d'autres, mais aussi **le porte-parole du discours officiel du pouvoir** : « […] Le roi a ordonné que […] quiconque osera lui rendre les devoirs funèbres sera impitoyablement puni de mort. » L'emploi du futur annonce le drame. Cette interdiction représente à la fois une menace et la prémonition du « crime » d'Antigone, c'est-à-dire de la tragédie. Le futur simple, catégorique, utilisé ici, est le temps de la fatalité.

Cette fatalité qui pèse sur les héros, c'est **la mort qui guette ses proies**, et nous connaissons deux de ses victimes : Antigone et Hémon. L'atmosphère, malgré l'apparente bonhomie du Prologue, est sinistre. Le champ lexical* de la mort est très développé et il n'est pas indifférent que la scène se termine par ces mots : « impitoyablement puni de mort ». Aussi peut-on voir dans le défilé des acteurs une sorte de **cortège funèbre avant l'heure**.

Aucune surprise, aucun « suspense », donc, pour le public. Il y a deux raisons à cela : d'une part, le mythe est, par définition, une légende connue de tous ; d'autre part, le spectateur d'une tragédie ne doit pas être distrait du sens du tragique par une action pleine de rebondissements : « […] ce qui était beau du Temps des Grecs, et qui est beau encore, c'est de connaître d'avance le dénouement. C'est ça le vrai ''suspense''. » (Jean Anouilh). Toute action est d'avance vaine et **seuls les caractères sont tragiques**, seuls des êtres exceptionnels affrontent les dieux. Voilà pourquoi le Prologue a surtout fait des portraits, et affirmé à propos d'Antigone : « Mais il n'y a rien à faire. »

Les marionnettes du destin

Rien ne peut donc être tenté, et il est déjà inutile d'agir. C'est ce que montre cette mise en scène, où seul un des personnages parle, le Prologue, les autres demeurant parfaitement muets : ils adoptent une contenance ou se livrent à des activités diverses (tricoter, jouer aux cartes, méditer). Leur rôle paraît limité à un simple mime, et ils semblent obéir au Prologue puisqu'ils disparaissent après leur portrait.

On peut également penser au **théâtre de marionnettes**, tant les gestes d'Eurydice semblent automatiques et les oppositions de caractères bien tranchées. Ainsi le ton de la tragédie est-il immédiatement donné : **les hommes sont les pantins du Destin** ou des dieux. Avant de mourir, il ne leur reste plus qu'à se débattre une dernière fois, mais vainement, et donc de manière un peu ridicule.

Dans les coulisses

Cette scène apparaît comme un **texte de didascalies*hypertrophié**, d'autant plus mis en valeur qu'il est joué. De fait, les indications de décor sont réduites et concentrées aux deux extrémités de cette présentation. Les indications concernant les acteurs sont par ailleurs pratiquement inexistantes dans le reste de la pièce. Les caractères sont définitivement fixés, une pièce de théâtre étant avant tout, pour Anouilh, l'affrontement verbal de personnages qui symbolisent des idées.

De plus, tout se passe comme si l'on se trouvait dans **les coulisses avant la représentation**. Les acteurs principaux répètent leur rôle — Antigone et Créon paraissent en pleine concentration — alors que, chez les seconds rôles et les figurants, la tension est moins grande. Toute une distribution est ainsi passée en revue et chaque acteur disparaît à peu près dans l'ordre où il apparaîtra dans la tragédie. Comme dans toute son œuvre, Anouilh montre ici le théâtre dans le théâtre.

Antigone (Elizabeth Hardi) et sa nourrice (Charlotte Clasis) ;
mise en scène d'André Barsacq au théâtre de l'Atelier (1950).

RESUME

A l'aube, furtivement, Antigone rentre de l'extérieur après s'être, dit-elle, promenée. Son évocation poétique de la campagne ne semble guère contenter sa nourrice, qui guettait son arrivée. Mais aux remontrances qui lui sont faites, Antigone ne répond pas. La nourrice continue d'interroger la jeune fille qui, poussée à bout, lui avoue avoir un amoureux et s'être rendue à un rendez-vous. La nourrice est tout d'abord scandalisée, mais Antigone, lassée du quiproquo, finit par la rassurer.

Entre alors Ismène, levée très tôt elle aussi. Décidément, la nourrice a bien du mal à comprendre ce qui, aujourd'hui, rend les jeunes princesses aussi matinales. Apitoyée par la soudaine fatigue d'Antigone, elle sort... afin de lui apporter du café.

COMMENTAIRE

Une « ouverture » très particulière

C'est ici que débute véritablement la tragédie, puisque nous y voyons les personnages en action. Les données essentielles à la compréhension de l'intrigue ayant été précédemment exposées par le Prologue, reste au dramaturge à faire démarrer l'action.

Anouilh connaît trop bien la tradition théâtrale pour décevoir son public. Il compose donc une véritable scène d'exposition, bien que sur un mode quelque peu parodique. Au lieu de se confier, Antigone évite, au contraire, de répondre aux questions qui lui sont posées : alors que la nourrice se scandalise de sa fugue, elle se remémore le spectacle de l'aube. Toutes les répliques du début de la scène apparaissent comme des tirades qui se succèdent, sans pour autant se répondre, comme s'il s'agissait de deux monologues ou, plus exactement, d'un **dialogue de sourds**. Mais cette incompréhension manifeste ne résulte pas uniquement des réticences d'Antigone à dévoiler le véritable objet de son escapade. Elle tient aussi au caractère même de la nourrice, qui ne peut, visiblement, tenir le rôle de confidente.

Une confidente peu compréhensive

Ce personnage a certes du bon sens, mais semble n'être capable que de considérations très matérialistes. Elle est tout à fait insensible à la poésie de l'aube, et, lorsque Antigone s'émerveille de la rosée du matin (« Dans les champs c'était tout mouillé et cela attendait »), sa seule réaction est : « Il va falloir te laver les pieds... » De plus, elle est bien éloignée de la traditionnelle confidente, calme et modérée, qui tempère les excès de l'héroïne, puisqu'elle se met en colère et rudoie Antigone : « menteuse », « D'où viens-tu, mauvaise ? ». Enfin, au lieu de tenir le second rôle, elle prend assez vite la parole et les propos de la jeune fille suscitent alors de longues tirades riches en exclamations.

Cette première confrontation de l'héroïne tragique avec sa confidente est donc plutôt traitée sur le mode de la parodie. La nourrice est, de fait, un caractère savoureux, que l'on rencontre souvent dans les comédies. Bougonne et un peu agressive (« Et tu veux me faire croire que tu as été te promener, menteuse ! »), elle est très attachée, très dévouée à Antigone (elle se précipite dès que celle-ci réclame du café). Elle se sent investie d'une mission : donner une éducation conforme à leur rang aux deux enfants qui lui ont été confiées. Son langage est plein d'expressions toutes faites : « c'est du joli ! c'est du propre ! », « Miséricorde ! », « Je l'ai eue toute gamine... », etc. Ses larmes révèlent sa faiblesse et, par là même, les limites de ce personnage, très stéréotypé — limites que la gravité du contexte ne fait que souligner.

Antigone et le secret

Si le procédé du quiproquo relève du genre comique, il sert également, ici, à **ménager le suspense**. En effet, cette scène n'apporte que fort peu d'informations au spectateur : nous savons qu'Antigone est sortie seule à l'aube, qu'elle a pour mère Jocaste, pour sœur Ismène et pour seul amoureux son fiancé Hémon. Nous apprenons aussi qu'elle est sensible à la beauté de la nature, qu'elle a un « sale caractère » et qu'elle n'est guère coquette. Mais ces informations, savamment distillées, restent secondaires par rapport à l'essentiel, qui nous est caché. Nous sentons d'autant mieux la gravité de ce qui s'est passé qu'Antigone se refuse à dévoiler son secret, et le quiproquo entretient notre inquiétude en permettant que ne soit jamais donnée la véritable réponse à la question : « D'où viens-tu ? »

Mais, si Antigone se joue de sa nourrice en la laissant à ses fausses interprétations, pour le spectateur, en revanche, le jeu doit être clair, comme le montrent les indications scéniques : « *un étrange sourire* », « *soudain grave* », « *doucement* », etc. Et le quiproquo apparaît plutôt, en réalité, comme une expression de l'ironie tragique : en effet, elle avait bien un rendez-vous, mais avec son frère, et son amoureux, elle le plaint (« le pauvre »), puisque c'est d'un mort qu'il s'agit. Créon « saura », bien sûr, et la nourrice doit garder ses larmes car elle aura bien d'autres raisons de pleurer. On voit donc ici une Antigone déjà digne et assurée, qui a décidé **d'assumer son destin** : elle entre dans la tragédie.

La nature contre les hommes

L'amertume d'Antigone, dans les derniers moments de cette scène, contraste avec l'évocation poétique du début. En fait, l'enthousiasme de la jeune fille, au retour de sa « promenade », portait sur la nature (le jardin, les champs, la campagne), mais une **nature sauvage**, non encore colorée par le soleil.

Or, ce paysage est celui de l'aube — qu'elle se vante d'être la première à avoir vu —, paysage que les hommes, qui le transforment en carte postale, n'ont pas encore sali. « C'est beau un jardin qui ne pense pas encore aux hommes. » « Je faisais un bruit énorme toute seule sur la route et j'étais gênée parce que je savais que ce n'était pas moi qu'on attendait. » « Et il n'y avait que moi dans toute la campagne... » Son refus de se confier et son amour pour la nature ont en fait une seule et même origine : **son mépris pour l'humanité**.

PARTIE 2
(p. 22 à 31)

RESUME

Les deux sœurs se retrouvent seules. Tout les oppose : leur apparence autant que leur caractère. Cependant, leur relation n'exclut pas la tendresse. En outre, elles ont l'air de partager un secret : Ismène aurait réfléchi toute la nuit sur une « folie » qu'Antigone a projetée. Peu à peu, on comprend qu'au mépris de l'interdiction royale Antigone a décidé d'enterrer son frère Polynice.

C'est un dialogue impossible qui s'engage entre Antigone, qui ne veut ni discuter ni réfléchir, et Ismène, plus timorée, qui considère surtout les difficultés, la souffrance physique et la mort. Antigone ne veut pas comprendre la raison des adultes et refuse de s'attendrir à l'idée du bonheur possible avec Hémon. Entre les deux sœurs, l'opposition devient alors trop forte : Antigone renvoie Ismène à son lit, à sa beauté facile, à ses rêves et à son inaction. La dernière exclamation : « Pauvre Ismène ! », exprime un mélange de pitié et de mépris.

COMMENTAIRE

La raisonneuse et la révoltée

Malgré l'affection qui les lie, l'**opposition** des deux jeunes filles est **insurmontable** et, si Anouilh fait le portrait d'Ismène, c'est pour mieux faire ressortir, a contrario, les réactions d'Antigone.

Ismène vient retrouver sa sœur, parce qu'elle a « réfléchi » toute la nuit. Elle se dit « plus pondérée » qu'Antigone, et ayant « raison plus souvent » que celle-ci. Elle a « bien pensé » et elle « comprend un peu » son oncle. Elle cherche à « convaincre » Antigone de ne pas faire encore une fois une « bêtise ». Sa raison la pousse à tout imaginer, y compris sa condamnation possible. Elle a **peur de l'humiliation, de la souffrance et de la mort**, et elle l'avoue : « [...] Je ne suis pas très courageuse. » Elle n'est pas prête, en outre, à remettre en question ses préjugés, et sa conception de la féminité est conformiste et timorée : « C'est bon pour les hommes de croire aux idées et de mourir pour elles. Toi tu es une fille. »

Antigone, au contraire, ne veut pas réfléchir, et surtout ne veut pas comprendre. Les craintes — pourtant légitimes — de sa sœur ne sont pour elle que des « prétextes ». Elle rejette également les interdits sociaux évoqués par Ismène qui l'ont trop longtemps emprisonnée (« Ai-je assez pleuré d'être une fille ! »). Pour elle, la loi sociale représentée par le « Nous ne pouvons pas » d'Ismène n'existe pas ; **seule compte la loi morale**, et ce qu'elle estime être son devoir : « [...] Nous, nous **devons** aller enterrer notre frère. » Sa soif de liberté est manifeste, tout comme — et le paradoxe n'est qu'apparent — son amour passionné de la vie : « Pas envie de vivre... Qui se levait la première, le matin, rien que pour sentir l'air froid sur sa peau nue ? » Mais, pour Antigone, il ne peut s'agir que d'une vie en accord avec la nature, et non de cette réalité misérable et médiocre que les adultes appellent « vie ».

L'aînée et la cadette

Cette opposition entre une Ismène sage et timorée et une Antigone révoltée et instinctive est aussi celle de l'aînée et de la cadette.

En tant que sœur aînée, Ismène tente de freiner l'impétuosité de sa sœur, de lui **insuffler sa sagesse** et de la conseiller au mieux. Elle lui rappelle également que Créon est leur oncle et qu'il est par conséquent le chef de famille, auquel il faut obéir.

Face à elle, Antigone fait figure de sœur cadette, plus jeune et plus inconsciente. Elle se réfère d'ailleurs constamment à l'**enfance**, comme si elle n'en était pas encore tout à fait sortie. Pourtant, l'enfance qu'elle évoque n'était pas particulièrement heureuse : « Quand j'étais petite, j'étais si malheureuse, tu te souviens ? » Son malheur venait soit des adultes qui la punissaient de ne pas suivre les règles de la bienséance (tout donner à un mendiant, boire quand on a chaud...), soit de la beauté trop éclatante d'Ismène. Ses réflexions sont donc amères et enfantines à la fois : « Comme cela doit être facile de ne pas penser de bêtises avec toutes ces belles mèches lisses et bien ordonnées autour de la tête ! »

Enfin, tandis que la cadette est encore « la petite Antigone », l'aînée est déjà une femme, et apparaît même comme l'**archétype de la femme**. Dans ses **défauts** : elle est faible et s'attendrit (elle rappelle à « sa petite sœur » qu'Hémon l'aime), à l'opposé d'Antigone, qui refuse de « pleurnicher » avec elle ; dans ses **atouts** : elle est belle et coquette (Antigone ne cesse d'y faire allusion), alors qu'Antigone refuse de croire à sa propre beauté. Aussi l'image d'Ismène suscite-t-elle chez sa sœur des sentiments complexes d'admiration — voire d'envie — et de vague mépris.

Le pouvoir et la foule

La tirade dans laquelle Ismène imagine ce que « les autres » (« Ils sont des milliers [...] grouillant dans toutes les rues de Thèbes ») pourraient lui infliger — et qui s'apparente au récit d'un cauchemar aux images obsessionnelles — est instructive à bien des égards.

Les autres, c'est tout d'abord Créon. Il est mentionné dans la scène par le pronom personnel « il » comme par superstition, comme si les deux jeunes filles craignaient de nommer une **menace déjà trop présente**, mais aussi parce qu'il est l'**incarnation abstraite du pouvoir** (« Lui, il **doit** nous faire mourir... »), avant même d'être leur oncle.

Ensuite, il y a la foule, le peuple qu'Ismène imagine assistant avec plaisir (les « rires ») à son exécution. Les qualificatifs qui décrivent cette masse humaine (les huées, les rires, l'odeur, les mille bras et visages...) sont très concrets et culminent dans une vision terrifiante : « Ils nous cracheront à la figure. Et il faudra avancer dans leur haine sur la charrette. » Le mot « charrette », qui fait référence à l'époque de la Révolution, montre que la jeune princesse sent toujours une menace dans la plèbe.

Enfin il y a les gardes. Le mépris d'Ismène à leur égard transparaît dans l'évocation de leurs « têtes d'imbéciles » et de leur comportement de « nègres ». Son dégoût aristocratique se révèle ici avec une violence manifeste. C'est une **opposition de classe et même de race** qui sépare Ismène, et séparera plus tard Antigone, de cette humanité basse et vile représentée par les gardes.

PARTIE 3
(p. 31 à 36)

RÉSUMÉ

Antigone retrouve sa nourrice dans une scène de tendresse où elle se révèle telle qu'en elle-même. L'angoisse l'étreint, mille fantasmes enfantins l'assaillent et elle cherche le réconfort d'une mère pour éloigner l'ogre, le marchand de sable et le Taoutaou.

Puis, Douce, la petite chienne d'Antigone, est l'objet d'un dialogue tragi-comique : la jeune fille la recommande à sa nourrice au cas où elle devrait partir, allant jusqu'à la supplier de tuer la bête, si celle-ci souffrait trop de son absence.

Bien qu'elle comprenne de moins en moins les raisons de cette demande, la nourrice finit par promettre à Antigone de satisfaire ses désirs.

COMMENTAIRE

Cette scène décrit l'enfance sous deux de ses aspects : les démons familiers et l'affection envers l'animal domestique. Cette soudaine **fragilité** de la jeune fille, qui vient chercher l'apaisement dans les bras de sa nourrice, est très révélatrice de l'**angoisse** qui l'étreint.

Les visages de l'angoisse

Lorsque la nourrice revient avec le bol de café et les tartines, Antigone se retrouve replongée dans son univers de jeune fille protégée. La nourrice remarque immédiatement la fatigue d'Antigone. Elle redoute la maladie, comme dans la première scène. Or l'on sait que la métaphore de la maladie est étroitement liée au personnage : à la fin de la pièce, Créon dira d'Antigone qu'elle est enfin « calmée » de cette « fièvre » que nous découvrons ici. L'héroïne tragique est en effet à un **moment exceptionnel de l'existence**, comme la maladie est un des accidents de la santé.

Ici, la fièvre se traduit par des cauchemars d'enfant (« l'ombre de l'armoire qui ricane [...] les mille insectes du silence qui rongent quelque chose »). La seule protection que la jeune fille puisse invoquer est

29

celle de la nourrice transformée en divinité tutélaire*, d'autant plus puissante qu'elle apparaît comme une déesse primitive, avec sa « main rugueuse qui sauve de tout ». Ce qui menace Antigone, c'est « un méchant orgre », un « marchand de sable », le « Taoutaou qui passe et emmène les enfants ». Ces dénominations font sans doute **allusion** à celui qu'Antigone peut légitimement craindre : **Créon**. Mais elles montrent avant tout qu'Antigone se situe résolument du côté de l'enfance.

Antigone et son avenir

Après avoir trahi ses hésitations en dévoilant ses peurs passées, Antigone se reprend et réfléchit sur ce qui l'attend. Elle sait qu'en abandonnant ceux qu'elle aime elle va devoir les faire souffrir. Le premier être auquel elle pense est curieusement sa chienne. Ce petit animal est présenté de façon caricaturale : il salit et abîme tout. En effet, Douce apparaît aussi indépendante et indisciplinée que sa maîtresse. Si Antigone veut qu'on lui parle « comme à une vraie personne », c'est parce qu'elle juge les animaux plus fidèles que les hommes (« si elle avait trop l'air d'attendre tout de même »), et plus sincères aussi. Sa **tendresse pour Douce**, aussi profonde soit-elle, suppose donc le même **mépris du monde adulte** qu'elle exprimait précédemment et la même **attitude négative devant la vie**, des sentiments qui lui font souhaiter que sa chienne soit tuée plutôt que d'être malheureuse.

Ici, comme ensuite devant Créon, Antigone cherche à préparer sa mort, qu'elle sait inévitable, et à s'y préparer elle-même. Elle mène l'action parce qu'**elle sait** ce que les autres ignorent et n'auraient peut-être pas le courage d'affronter, comme Ismène. L'incompréhension de la nourrice est si grande que le spectateur est amené à en rire : « Plus lui parler, plus lui parler ? Pourquoi ? » ; « Faire tuer ta chienne ? Mais tu es folle ce matin ! » Mais l'effet de comique qui naît de ce **dialogue impossible** ne fait que rendre plus pathétique l'attitude d'Antigone qui révèle, plus encore que son courage, **la profondeur de son désespoir**.

PARTIE 4
(p. 37 à 44)

RESUME

Hémon apparaît. Les deux fiancés évoquent tout d'abord une mystérieuse dispute de la veille. Mais, lorsque le jeune homme prononce le mot « bonheur », Antigone l'interrompt et lui demande de l'écouter. Anxieuse, et même angoissée, elle réclame du réconfort et se met à rêver du petit garçon qu'elle aurait pu avoir. Antigone veut désespérément être sûre qu'Hémon l'aime, qu'il ne s'est pas trompé en choisissant la « petite maigre ». Après lui avoir fait jurer de partir sans la questionner, elle avoue enfin que, la veille au soir, elle voulait se donner à lui par amour. Pourtant elle lui annonce qu'elle ne l'épousera jamais et le supplie de partir, sans en dire davantage.

COMMENTAIRE

La rencontre des deux amoureux n'existait pas dans la pièce de Sophocle. Inventée par Anouilh, cette scène permet de mettre en lumière une autre facette du personnage complexe d'Antigone. D'ailleurs, le fait qu'Hémon l'ait choisie contre toute attente au lieu d'Ismène révèle, en soi, le pouvoir d'attraction qu'elle exerce à son insu, et la désigne déjà comme un être d'exception.

Antigone : femme, épouse et mère

On découvre une Antigone bien différente de celle de la scène précédente : tendre encore, mais déjà adulte, très amoureuse, et pourtant prête à renoncer à celui qu'elle aime. Elle révèle le bonheur qu'elle aurait eu à vivre avec Hémon et cependant frémit lorsqu'il prononce ce mot. Ce bonheur aurait été tout simple : une relation amoureuse passionnée, pleine de disputes, de regrets et de réconciliations, puis le mariage et, enfin, un petit garçon auquel elle se serait consacrée. De prime abord, on comprend mal pourquoi elle abandonne ce rêve qui lui tend les bras en la personne d'Hémon.

C'est qu'en réalité **Antigone ne croit pas à son rêve**. Elle demande avec angoisse à Hémon s'il l'aime « comme une femme » et s'excuse

31

constamment de n'être pas à la hauteur de l'idée qu'elle se fait de la femme : « Il aurait eu une maman toute petite et mal peignée — mais plus sûre que toutes les vraies mères du monde avec leurs vraies poitrines… » Si elle répète si souvent l'épithète « vrai », c'est parce qu'elle craint qu'Hémon se soit trompé lors de ce fameux bal où il est venu la chercher et parce qu'elle a tenté de le tromper la veille au soir, en revêtant les artifices d'Ismène. Mais Hémon ne l'a pas prise au sérieux, il a ri.

Bien qu'Hémon ne le sente pas, **une ombre** s'est installée entre sa fiancée et lui, **celle d'Ismène**. En effet, la femme idéale qui sert de modèle à Antigone est sa sœur. Ne lui a-t-elle pas emprunté le rouge à lèvres, le parfum et la robe dont elle s'est parée pour séduire Hémon ? A travers cette tentative d'identification — qui semble trahir une sorte de complexe —, on peut comprendre non seulement sa solitude, mais aussi comment elle trouve le courage de repousser son fiancé, comme si elle se trouvait indigne de lui.

Les relations qu'Antigone entretient avec Hémon sont donc ambiguës. Sur le plan sentimental, elle est beaucoup moins mûre que lui, et cependant beaucoup plus sûre d'elle : elle connaît l'issue de leur relation, puisque c'est elle qui a décidé d'y mettre fin. De fait, c'est elle qui mène l'entrevue.

De même qu'elle envisageait précédemment la mort de sa chienne Douce, Antigone ne peut, ici, concevoir de solution autre que **destructrice**. Doutant d'elle-même et de son apparence physique, elle semble tout aussi incapable d'assumer les incertitudes de l'existence.

Antigone tragique

Les questions d'Antigone, les conditionnels qu'elle emploie (« Oh ! je l'aurais serré si fort […]. Il aurait eu une maman toute petite ») installent un climat d'incertitude et d'angoisse. Par ailleurs, l'évocation de l'enfance, toujours menaçante ([…] il n'aurait jamais eu peur, je te le jure. Ni du soir qui vient […] »), contribue à expliquer le sentiment d'infériorité qu'elle exprimait précédemment vis-à-vis d'Ismène.

Mais surtout, **la menace** que l'on sentait peser sur elle depuis le début prend ici un caractère de **certitude**. L'étrange promesse qu'elle demande à Hémon de lui faire : « Jure-moi d'abord que tu sortiras sans rien me dire », confirme au spectateur que le mécanisme tragique est d'ores et déjà enclenché. Et l'incompréhension d'Hémon ne fait qu'accentuer ce **décalage** — caractéristique de la tragédie — entre le niveau de conscience du spectateur, qui devine déjà l'issue des événements, et celui d'un personnage, jouet du destin, qui s'y dirige en aveugle.

Antigone, elle, est consciente de la mort qui l'attend : « [...] Est-ce que tu sens au milieu de toi comme un grand trou qui se creuse, comme quelque chose qui meurt ? [...] Moi, je sens comme cela. » Ce sentiment s'exprime physiquement en elle et c'est pourquoi elle le traduit avec des mots et des images d'enfant. Antigone a, face à la mort, une **réaction instinctive de peur** ; elle est toutefois prête au pire pour ne pas renoncer à sa résolution, pour ne pas faiblir devant le danger que représente Hémon, bien plus qu'Ismène.

Antigone montre d'ailleurs doublement son courage. Tout d'abord, elle a eu l'audace de chercher à séduire Hémon. Elle a ainsi abandonné sa réserve et sa pudeur habituelles, qu'elle manifeste encore ici : pour avouer sa folie, elle parle le plus bas possible. Mais elle n'a pu aller jusqu'au bout, et le véritable courage, c'est aujourd'hui qu'elle en fait l'expérience, en acceptant d'affronter le désespoir d'Hémon et de renoncer à celui qu'elle aime et qui la rattache à la vie. Mais elle ne faiblira pas devant ce bonheur, pourtant si proche enfin : elle n'aura jamais d'autre petit garçon que celui dont elle a rêvé.

Car Antigone **ne raisonne pas, elle agit par élan et par conviction.** Le héros doit agir, et c'est ce qu'elle croit faire maintenant, elle aussi, en bouleversant l'ordre établi et en décidant du destin de ceux qui l'entourent.

RESUME

Antigone retrouve Ismène, revenue pour tenter de raisonner sa sœur. Une fois encore, invoquant l'affection de tous ceux qui l'aiment, Ismène supplie Antigone de ne pas braver l'interdiction de Créon. Mais il est trop tard. Antigone apprend alors la vérité à sa sœur : la nuit dernière, elle est allée enterrer son frère.

COMMENTAIRE

La machine infernale

Cette scène, très courte, commence et se termine par le cri d'Ismène : « Antigone ! » On y assiste au premier coup de théâtre de la tragédie.

Les propos d'Ismène, tout en illustrant une fois encore certains des principaux traits de caractère de la jeune fille, apportent avant tout des éléments nouveaux, ignorés du spectateur jusqu'ici. Si elle supplie Antigone de ne pas braver la loi de Créon, ce n'est plus simplement parce qu'elle n'est pas courageuse, ni parce que Polynice est mort — alors que « nous sommes vivants, nous » —, ce qui rend inutile, à ses yeux, le fait que l'on s'y intéresse. Mais c'est aussi parce que Polynice n'aimait pas Antigone, qu'il était un « mauvais frère » (son ombre est « dure ») et que, de plus, c'était un « étranger » : d'une part, il avait quitté la maison familiale, et même la ville, d'autre part, il s'était allié à des rois ennemis. On apprend ainsi qu'Antigone s'est dévouée pour quelqu'un qu'elle connaissait à peine, et dont le portrait apparaît peu flatteur. Son sacrifice est d'autant plus grand, certes, mais aussi d'autant plus absurde.

Bien que très brève, cette scène représente un moment dramatique particulièrement fort. Nous y apprenons que tout a déjà eu lieu et que, comme le dit l'héroïne, « **c'est déjà trop tard** », ce qui est le propre même de toute tragédie. Désormais, aussi absurde et injustifié que puisse apparaître le geste d'Antigone, rien ne pourra plus arrêter la « machine infernale ».

PARTIE 6
(p. 46 à 53)

RESUME

Le garde Jonas, de la Deuxième Compagnie — chargée de veiller sur le cadavre — vient se présenter devant Créon. Il apparaît comme un personnage lâche et borné, fuyant devant les responsabilités et ne cessant de se référer au règlement. C'est avec de nombreuses précautions oratoires qu'il fait part à Créon du délit qu'il a constaté, finissant par avouer que quelqu'un — un enfant, peut-être — a recouvert le corps de Polynice.

Furieux que l'on ait bravé sa loi puis désireux, avant tout, d'éviter le scandale, Créon sort enfin avec le sentiment qu'une tâche difficile et ingrate l'attend.

COMMENTAIRE

Le garde Jonas

Ce personnage se définit en permanence par rapport à autrui : **soit il oppose son « moi »** au « première classe » ou aux autres membres de la compagnie, **soit il se fond dans la masse** et refuse d'endosser quelque responsabilité que ce soit. Dès que l'occasion se présente, il tente de se mettre en valeur : il se dit le plus attentif et le plus respectueux de la hiérarchie et prétend avoir été le premier à avoir remarqué les anomalies décrites. D'autre part, il est toujours prêt à se désolidariser de ses camarades et **à les trahir** (« [...] et peut-être que les autres ils l'ont déjà dit à la relève »).

Individu vil et lâche, le garde suit les indications qu'il croit déceler dans les propos de Créon, cherchant à deviner les intentions de celui-ci pour le satisfaire : « N'est-ce pas chef ? » ; « Faut-il que j'aille chercher le première classe, chef ? » Ce qu'il appelle « être service » est, en réalité, une **servilité** qui justifie l'éloge ironique de ses supérieurs : « Avec Jonas on est tranquille. » Sa lâcheté est telle qu'elle le conduit à parler pour ne rien dire pendant toute la première moitié de la scène et à ne se décider à avouer les faits que lorsque Créon lui assure que, s'il est arrivé quelque chose, il n'est pas le seul responsable. Tout aussi lamentable est sa réaction, proche de la crise de nerfs, à la menace

« vous mourrez tous les trois » : il « *gueule* », prend stupidement Créon à témoin et réclame sa grâce en invoquant sa situation de père de famille.

Ainsi ce caractère s'oppose-t-il en tous points à celui de l'enfant imaginaire qui aurait commis le délit, et qui fait rêver Créon : « une innocence inestimable » et surtout « un vrai petit garçon pâle qui crachera devant mes fusils ». Il s'oppose de la même façon au petit page, le seul être sur lequel Créon puisse compter et qui se ferait tuer pour lui (« Oui, bien sûr, tu irais tout de suite, toi aussi… »).

La fonction du personnage du garde est donc triple : mêler au tragique une sorte de **comique de dérision**, souligner, par contraste, **la noblesse de l'enfance** et révéler **la solitude de Créon**, seul avec son page.

Créon et l'État

La première apparition de Créon montre **un homme sûr de lui et de son pouvoir** : « Qui a osé ? Qui a été assez fou pour braver ma loi ? » Il est orgueilleux et autoritaire — les impératifs et les menaces abondent dans ses propos — et l'on sent qu'il a l'habitude d'être obéi. Pourtant, malgré son apparente dureté, la rêverie que suscite en lui l'hypothèse d'un tueur enfant et la tendresse dont il fait preuve à l'égard du page révèlent les limites de son assurance.

En effet, son autoritarisme de despote ne peut être le fait que d'**un roi menacé**. Il suffit que l'on recouvre un peu le cadavre de Polynice pour que Créon imagine aussitôt une conjuration montée contre lui : « L'opposition brisée qui sourd et mine déjà partout. » D'ailleurs, toutes les couches de la société semblent alliées contre lui : les « amis de Polynice » (des étrangers), la plèbe, les princes et les prêtres. La conjuration est néanmoins condamnée par la divergence des intérêts, chacun recherchant son profit personnel, et aussi par le heurt de réalités aussi opposées que l'« or » et l'« ail ». Elle est également faussement idéologique (« Adresser un enfant avec des phrases », « le parti »). Aussi Créon soupçonne-t-il des complices dans sa propre garde.

Par conséquent, Créon ne peut régner qu'en imposant **la terreur et le secret** : « A qui avez-vous déjà parlé de cette affaire ? » ; « Et pas un mot », etc. Seul Créon a le droit de « raconter tout cela », mais l'on ne sait pas à qui, ni devant quel Conseil il est responsable. L'État ici décrit apparaît comme un État policier où les ministres, les assemblées et les conseillers sont niés au profit d'auxiliaires qui s'adressent à Créon comme à leur « chef ». Si l'on en juge, en outre, d'après la rapidité avec laquelle Créon envisage le peloton d'exécution pour l'enfant embrigadé, il semble que ce pouvoir soit plutôt du côté de la force que de celui du droit.

Le pouvoir politique ici mis en cause est un **pouvoir autocratique*** : la loi est celle qu'a imposée Créon, et c'est la personne même de Créon que l'on cherche à déconsidérer. Cette dénonciation du pouvoir dans *Antigone* est à rapprocher du visage particulier de l'État français en 1942 : comme le gouvernement de Vichy, celui de Créon est issu d'une guerre contre des envahisseurs étrangers et a pour objectif de rétablir l'ordre.

Théâtre et narration

La difficulté, à ce moment de l'intrigue, est de **raconter ce qui s'est passé** en dehors de la scène, tout en satisfaisant aux exigences de la représentation théâtrale. Le suspense est ainsi habilement organisé autour du caractère de Jonas, trop lâche pour avouer immédiatement que la vigilance des gardes a été trompée. Les réticences du garde, ses propos « hors sujet » (« je ne suis pas encore promu. Je devais être promu en juin »), sa façon de ne pas terminer les phrases (« Eh bien, voilà, chef : le cadavre… ») pimentent le compte rendu d'un événement que le public connaît déjà.

De même, le **dialogue** rend la narration plus dynamique et crée un affrontement comique : un bavard qui ne veut rien dire est confronté à quelqu'un qui lui pose des questions mais n'obtient pas de réponses. Sa couardise, ainsi que le caractère répétitif de certains de ses propos, font du garde une sorte de pantin dont le fonctionnement mécanique excite le rire. Le moment le plus important du début de cette tragédie est ainsi traité **sur le mode de la comédie** ; Anouilh est avant tout un homme de théâtre, soucieux d'instruire son public sans jamais l'ennuyer.

PARTIE 7
(p. 53 à 55)

Le Chœur intervient alors pour mettre en parallèle drame et tragédie. Il souligne le caractère de nécessité absolue du mécanisme tragique. Tout est joué d'avance, et à partir d'un événement en apparence anodin, le mécanisme se déploie inéluctablement vers un dénouement irrémédiable. Alors que le drame, impur, laisse la voie libre aux « accidents », aux retournements de situation, la tragédie, elle, est propre, digne et noble : elle est à la fois l'exercice du désintéressement, de la gratuité, et l'annonce du repos éternel.

Suit l'entrée en scène d'Antigone, poussée par les gardes, que le Chœur désigne alors comme l'héroïne dont la grandeur va maintenant pouvoir se révéler.

COMMENTAIRE

Les principes de la tragédie

Le principe premier est **un déroulement inéluctable**. Un rien suffit au déclenchement du mécanisme tragique. Ce « rien » est présenté dans un langage presque trivial : « le petit coup de pouce », « un regard à une jeune fille », « une envie d'honneur au réveil ». Seul le mécanisme lui-même compte, tout le reste n'est que prétexte. Anouilh, tout en valorisant la tragédie, la désacralise également.

A l'intérieur de ce déroulement, il y a des étapes obligées : les cris de révolte et les silences, « des victoires qui sont de vraies défaites ». Ces éléments contradictoires montrent qu'il n'y a rien à tenter contre le destin.

La comparaison avec le drame

A l'opposé de la tragédie, le drame fait intervenir **surprises et retournements**. L'issue n'est jamais certaine : l'espoir d'une fin heureuse subsiste, au sein de la plus grande inquiétude. La mort elle-même, si elle advient, n'est qu'un coup du hasard, et non du sort, un « accident ». Dans le drame, rien n'est pur ni certain, et le maître mot est « peut-être ».

Autre caractéristique du drame : on y rencontre autant de « méchants » que de « bons », exactement comme dans la vie. L'accumulation des termes qui les désignent (« ces méchants acharnés, cette innocence persécutée, ces vengeurs... ») banalise le propos, et, par l'ironie du vocabulaire (« terre-neuve »), on se rapproche de **caricatures* comiques et sans grandeur**. Au contraire, la tragédie semble mettre en lumière **des êtres d'exception**, amants passionnés ou héros vainqueurs. Elle est élitiste : « D'abord, on est entre soi. » Personne n'y est véritablement responsable : « On est tous innocents en somme ! [...]. C'est une question de distribution. » On est dans le domaine de l'art, du théâtre.

Dans le drame, **l'espoir subsiste** : « on se débat » pour s'en sortir, ce qui justifie des hurlements vulgaires, de disgracieux appels au secours, des plaintes inutiles. « C'est utilitaire. » Le conditionnel règne : « On aurait peut-être pu se sauver. » A l'inverse, la tragédie **vise à la gratuité**. Le personnage tragique ne cherche pas à s'en sortir. C'est un être qui n'a « plus qu'à crier [...], à gueuler à pleine voix ce qu'on avait à dire [...]. **Et pour rien** : pour se le dire à soi, pour l'apprendre, soi. » La tragédie est donc définie ici comme le lieu d'une découverte ontologique*. Aristocratique, elle consacre la noblesse et la grandeur de l'humanité.

La conclusion du Chœur

Le Chœur affirme que **la tragédie ne commence qu'à l'instant où les relations** entre les personnages **se sont définitivement figées** : « Et il n'y a plus rien à tenter, enfin ! » ; « La petite Antigone est prise. » Tout commence, en effet, au moment où Créon a appris que sa future belle-fille a enfreint la loi. Le nœud de la tragédie est formé.

Mais la formulation est paradoxale : ce n'est que prise au piège qu'Antigone va pouvoir être elle-même. Le personnage tragique n'est lui-même qu'au moment où il rencontre sa destinée. Ce n'est pas le héros qui fait la tragédie, mais la tragédie qui peut faire d'un être insignifiant un héros. Il y acquiert un nom, telle « la petite maigre » qui devient Antigone pour la postérité.

Le style du manifeste

Cette scène surprend, au regard des autres moments de la pièce. Une aussi longue intervention de l'auteur, visant à exposer, à travers la comparaison de deux genres dramatiques, sa propre conception de la tragédie, ne se retrouve nulle part ailleurs. L'**agressivité** du ton semble répondre à un besoin de **justification**. Le décalage entre la familiarité du vocabulaire et du ton, et l'élitisme aristocratique et esthétique proclamé, manifeste, de façon évidente, une volonté de choquer.

Anouilh refuse, en apparence, de donner des leçons, de faire passer un message. **La forme est le fond même**, au sens où, dans la tragédie, l'essentiel n'est pas le sujet — ou l'intrigue — mais le mécanisme lui-même. Peu importe, alors, la légende ou l'époque, peu importe qu'Antigone ne soit pas irréprochable. La volonté des hommes est vaine et la « machine » implacable. L'art vaut dès lors pour lui-même, comme si Anouilh témoignait par là d'une certaine misanthropie à laquelle, seul, échapperait l'enfant.

RESUME

Antigone apparaît, poussée par les gardes qui viennent de l'arrêter. Elle se déclare descendante d'Œdipe, mais les gardes, incrédules, se contentent de se moquer d'elle. Ceux-ci se félicitent alors de leur capture, se promettent de fêter bientôt leur succès et évoquent leurs orgies futures dans une conversation grossière, où la bassesse des intérêts le dispute à la vulgarité des expressions. Antigone, épuisée — à laquelle les gardes semblent totalement indifférents —, n'intervient à nouveau, à la fin de la scène, que pour demander l'autorisation de s'asseoir.

COMMENTAIRE

L'univers du (mélo)drame

Après avoir souligné l'opposition qui existe entre la tragédie et le drame, Anouilh va décrire l'univers de ce dernier, afin de mieux démontrer la nécessité de l'acte d'Antigone. Ce sont les gardes, personnages subalternes et sans noblesse, étrangers à la tragédie classique, qui en offrent l'opportunité.

Le monde ici dépeint est essentiellement un **monde fermé**. « La consigne » tient lieu de réflexion, ce qui explique l'exceptionnelle stupidité des gardes. Elle permet aussi de rejeter tous ceux qui n'obéissent pas à cette règle : « Tout le monde a des excuses [...]. S'il fallait écouter les gens, s'il fallait essayer de comprendre, on serait propres. [...] Moi, ce qu'elle a à dire, je ne veux pas le savoir. » En fait, on sent qu'il s'agit là d'**un prétexte à la haine et au mépris**, car le garde, qui tremble à un seul mot de Créon, se permet de rudoyer une inconnue : « La fille d'Œdipe, oui ! Les putains qu'on ramasse à la garde de nuit [...] »

Ces hommes s'abritent derrière le règlement pour se donner **bonne conscience** et se conduisent comme **les détenteurs de la morale publique**. Ils n'hésitent pas à se réclamer de la politesse (« Vous pourriez être polie, Mademoiselle... ») — alors que l'expression jugée offensante (« sales mains ») n'est rien auprès de leurs grossièretés —, de la pro-

Mise en scène d'André Barsacq, théâtre de l'Atelier (1950).

preté (« Tu dis ''leurs sales mains'' ! Regarde un peu les tiennes ») et
de la raison (« C'est une folle, oui ! »).

Ces phrases stéréotypées qu'adressent les gardes à Antigone évoquent de façon caricaturale le comportement de parents à l'égard de
leur enfant (« On te l'avait prise, ta pelle ? Il a fallu que tu refasses ça
avec tes ongles, la deuxième fois ? Ah ! cette audace ! »). Si l'on se
réfère à *Victor ou les Enfants au pouvoir*, pièce de Roger Vitrac
qu'Anouilh a mise en scène plus tard, on voit tout ce que cette caricature de l'ordre familial a d'**accusateur pour la société bourgeoise**. Enfin,
si l'on se réfère au contexte dans lequel fut écrite *Antigone*, on se rappelle que le maréchal Pétain était le patriarche d'une société reposant
sur la morale et dont l'un des mots d'ordre était « Famille ».

Bassesse et médiocrité

Cependant, le comble du bonheur pour les gardes est **la transgression momentanée de l'ordre familial** : faire la fête entre hommes, fréquenter les lieux de débauche, en secret : « Non, entre nous qu'on rigole… Avec les femmes, il y a toujours des histoires […]. » C'est donc l'hypocrisie sociale qui, à travers eux, est ici dénoncée.

D'autre part, le bonheur évoqué est purement matériel : il s'agit de boire et de manger, de « faire un gueuleton chez la Tordue », d'assouvir ses fantasmes dans une maison close (aller au Palais pour « monter »). Cette description rapidement esquissée fait penser — « la Tordue » évoquant la Goulue et d'autres surnoms — aux loisirs des ouvriers de la fin du XIXe siècle et de la Belle Époque, dépeints souvent par Anouilh ; ou encore à l'atmosphère de *L'Assommoir*, de Zola. Ce monde très matérialiste, dominé par l'argent, l'espoir des primes de service et du « mois double », paraît **dépourvu de valeurs** : même la cérémonie des félicitations publiques semble être surtout une concession aux femmes et aux enfants.

Un discours très expressif

L'univers médiocre et hypocrite des gardes est décrit dans une langue **très étudiée, moins populaire que grossière** : « rigoler », « les moutards qui veulent pisser », « on se les cale comme il faut », le « rouge », etc., sont des tournures familières, des abréviations de mots grossiers — plus présents ici que dans tout le reste de la pièce — qui dessinent un tableau très noir de cette société. Si la langue est très expressive (les exclamatives et les interrogatives abondent, alors que les subordonnées sont rares), les noms eux-mêmes sont significatifs : « la grosse », « Boudousse », « Planchard » et « la Tordue » connotent péjorativement l'humanité ici présentée. Voilà bien qui justifie le dégoût du Chœur : « C'est ignoble, c'est utilitaire. »

RESUME

Créon, stupéfait de voir sa nièce les menottes aux mains, croit d'abord à une erreur « judiciaire » et s'en prend aux gardes, qu'il juge incompétents. Mais lorsqu'il s'adresse à Antigone elle-même, celle-ci confirme les dires du garde, avec calme et précision : c'est elle qui, en effet, a recouvert le corps de Polynice, tout d'abord en utilisant la pelle dont celui-ci se servait enfant, puis, la seconde fois, avec ses mains. Créon, excédé par les interventions du garde, renvoie les trois hommes et les fait mettre au secret, sous la conduite de son page.

COMMENTAIRE

Le symbole d'une réalité méprisable

Ici, comme bien souvent, le comique alterne avec le tragique. Anouilh maniant avec art ses caricatures, la présence des gardes suscite toujours le rire. En effet, le garde est stéréotypé : c'est un personnage de comédie, de farce, ou même d'opérette. Pour se mettre en vedette, il essaie désespérément de faire son rapport, qu'il a apparemment longuement répété. Il ne comprend pas le sens des paroles de Créon et répond presque systématiquement à côté. Au « Qu'est-ce que c'est ? » de Créon, il répond : « C'est le piquet de garde, chef. » C'est un personnage stupide et borné, qui n'existe que par sa fonction et par le groupe qui le protège (il emploie d'ailleurs toujours l'indéfini « on » pour « nous », désignant la communauté des gardes).

Ce caractère donne lieu à un **comique de répétition** : à chacune de ses répliques, le garde appelle Créon « chef » — ce qui, en outre, ne peut qu'agacer celui-ci. D'autre part, il répond systématiquement à la place d'Antigone : alors que Créon interroge celle-ci, « Qu'allais-tu faire près du cadavre de ton frère ? », le garde ne peut s'empêcher de répondre : « Ce qu'elle faisait, chef ? » Enfin, il se répète très souvent (« Elle grattait [...] » ; « Elle était là à gratter [...] », « On se disait qu'en plein jour [...] », « En plein jour ! », etc.).

Enfin, le comique de la scène repose aussi sur le **langage** très populaire, voire vulgaire. Le style du plus long récit du garde (p. 62) en est une parfaite illustration. Les expressions caricaturalement populaires abondent (« le temps que je me la cale à la joue », « je lui courais dessus »), les négations sont omises (« pas loin », « je voyais plus »), les réalités évoquées sont prosaïques (la décomposition du corps et l'odeur qui s'en dégage, une chique), et la comparaison employée est loin d'être poétique (« tremblait comme de la gélatine »). Nous sommes ici à l'opposé du style noble de la tragédie et de l'**unité des registres** préconisée à l'intérieur d'un genre. De ce fait est mis en valeur le sens même de la tragédie pour Anouilh, le garde incarnant de façon exemplaire cette réalité à laquelle Antigone veut et doit échapper.

Un face-à-face difficile

Cette scène présente également **la première rencontre entre Créon et Antigone**. La présence du garde lui confère un caractère officiel (il s'agit du compte rendu d'une arrestation), qui relègue à l'arrière-plan les liens familiaux. Créon ne peut manifester aucune tendresse à l'égard d'Antigone : il est contraint à jouer totalement son rôle de chef. En outre, compte tenu de la stupidité de leur intermédiaire, aucune communication réelle n'est possible. Créon intervient essentiellement par des questions : « Qui garde le corps ? », « Où t'ont-ils arrêtée ? », etc. Il s'informe comme le ferait un enquêteur policier cherchant à reconstituer les faits et à les prouver (« C'est vrai ? »). Il apparaît comme un **esprit froid et raisonnable**, bien éloigné de celui qui, peu de temps auparavant, se sentant menacé, pensait à faire fusiller le coupable, encore inconnu. Il va jusqu'à refuser que l'on repasse les menottes à Antigone. En fait, il est avant tout **surpris** ; il cherche à comprendre, et aussi à se convaincre, demandant chaque fois à Antigone de confirmer les dires du garde, dont il se méfie.

Antigone, elle aussi, s'exprime avec calme, multipliant les détails qui prouvent sa culpabilité. C'est un personnage complexe, se montrant **à la fois fière et enfantine**. La précision de son récit révèle cette fierté : ses phrases sont aussi brèves que les propos du garde sont bavards. De même, sa logique est simple (la pelle ôtée, il lui restait les mains), tout en étant provocatrice. Mais ses explications sont également enfantines : pour ensevelir son frère, elle s'est servie, en souvenir, d'une pelle d'enfant lui appartenant — les châteaux de sable étant ainsi curieu-

45

sement rapprochés du tumulus funèbre. Antigone apparaît en fait, ici, comme un **personnage inattaquable** : bien que coupable, elle est totalement sûre d'elle et conserve une innocence d'enfant.

Cette scène présente donc un double intérêt : elle permet que soient établis les faits, tout en développant le portrait de la basse humanité commune représentée par les gardes, afin de préparer l'affrontement qui suit entre les deux héros.

Antigone (Elizabeth Hardy) et Créon (Jean Servais).

RESUME

Créon et Antigone sont enfin seuls. Par affection pour sa nièce, Créon ne pense qu'à étouffer l'affaire. Mais Antigone ne comprend pas cette attitude, puisque de toute façon — c'est ce qu'elle annonce à Créon — elle recommencera. Créon s'intéresse alors aux raisons de son acte, mais, à la raison d'État qu'il invoque, Antigone oppose sa piété fraternelle et ce qu'elle estime être son devoir.

Face à une assurance aussi paisible et inébranlable, Créon comprend soudain qu'il a en face de lui une représentante de la race d'Œdipe et de son orgueil. Lui n'est qu'un professionnel de la politique, un être « prosaïque » qui, s'il ne peut comprendre l'attitude de sa nièce, ne peut admettre non plus l'idée de la faire mourir.

COMMENTAIRE

La problématique de l'opposition entre raison d'État et devoir moral — qui était l'objet de la « **scène des lois** » de l'*Antigone* de Sophocle — est ici présentée dans une très longue scène, presque entièrement originale, où les deux protagonistes s'affrontent.

Dans ce que nous avons considéré comme la première partie de cette scène, Créon n'use que de **moyens et de raisonnements primaires** pour faire céder Antigone. Il utilise en effet sa supériorité légale (il est le roi, l'oncle et le chef de famille) et physique (il serre le bras d'Antigone jusqu'à lui faire mal). La jeune fille n'oppose à cela que le refus d'entendre et de comprendre, l'obstination et l'orgueil.

L'orgueil d'Œdipe

Tout d'abord, Créon cherche à nier la réalité même du délit : « Alors, écoute : tu vas rentrer chez toi, te coucher, dire que tu n'es pas sortie depuis hier. Ta nourrice dira comme toi. Je ferai disparaître ces trois hommes. » Il se croit **détenteur de tous les pouvoirs** et c'est lui qui mène l'entrevue (il parle beaucoup plus qu'Antigone). Aussi, au devoir moral de la jeune fille (« Je le devais ») oppose-t-il un majestueux « Je l'avais interdit », phrase capitale dans ce premier épisode — les réponses d'Antigone se réduisant, de fait, conformément à son attente, à une série de « non », puis de « oui ».

Cette « mise au point » des faits s'achève sur un premier refus d'Antigone : « Non, je n'ai pas cru cela. » Créon voit alors qu'il a en face de lui la digne fille de **l'orgueil d'Œdipe**. Et, lorsque Antigone lui affirme qu'elle n'aurait pas agi autrement si elle n'avait été qu'une pauvre servante, Créon refuse de la croire : les pauvres ont peur de la mort et se soumettent. Les grands mots dont se berce Antigone ne sont, selon lui, qu'une drogue : « Quel breuvage, hein, les mots qui vous condamnent ? Et comme on les boit goulûment quand on s'appelle Œdipe, ou Antigone. » Cet orgueil démesuré, ce goût de l'excès, cette « théâtralité » sont dénoncés par l'ironie grinçante du propos : « Et le plus simple, après, c'est encore de se crever les yeux […] »

Or, les rois n'ont guère de temps à perdre avec ce « pathétique personnel », égoïste et factice. Le ton employé par Créon, volontairement désinvolte, et les termes choisis (« coucher avec votre mère », « aller mendier avec ses enfants sur les routes », « un messager crasseux », « regarder ta tante sous le nez »), visent à **désacraliser le mythe***. De même, Créon tente de ramener l'acte d'Antigone à celui d'une enfant têtue et capricieuse, qui mériterait d'être punie comme telle : « […] Tu as vingt ans et il n'y a pas longtemps encore tout cela se serait réglé par du pain sec et une paire de gifles. Te faire mourir ! Tu ne t'es pas regardée, moineau ! »

« Un prince sans histoire »

Ainsi, Créon veut manifestement apparaître comme un « **prince sans histoire** », comme un homme réaliste, et non un aventurier, qui a une tâche à accomplir et qui fait son métier aussi bien qu'il le peut : « J'ai résolu […] de m'employer tout simplement à rendre l'ordre de ce monde un peu moins absurde, **si c'est possible**. » Ce même souci de réalisme le conduit à se comporter en père (« Grossis un peu, plutôt, pour faire un gros garçon à Hémon ») ou en oncle bienveillant (« Mais je t'aime bien tout de même avec ton sale caractère »), demeurant attaché à l'image d'Antigone enfant (il se souvient de sa première poupée, qu'il lui avait offerte).

Il semble toutefois qu'il n'ait **pas totalement bonne conscience**. L'image qu'il a de lui-même n'est pas toujours si positive (« Moi, je m'appelle seulement Créon », « une brute », « je suis décidément bien prosaïque »). Antigone est là pour lui rappeler, par son seul regard, ce qu'il n'a pas choisi d'être, et qu'il ne pouvait sans doute pas devenir : un héros. Peut-être est-ce là ce dont Créon — dans ses longues tirades qui ressemblent parfois à des monologues — cherche à se convaincre.

Une obstination absurde

En refusant de regagner sa chambre, Antigone va, pour la deuxième fois, s'opposer à la volonté de Créon. C'est ici que l'affrontement va véritablement commencer : « *Ils se regardent encore, debout l'un en face de l'autre.* » Mais il n'y a aucune provocation de la part d'Antigone, et c'est bien ce qui surprend Créon. **Aussi cherche-t-il à comprendre** : « Tu irais refaire ce geste absurde ? [...] Que peux-tu donc [...] ? » ; « Tu y crois donc vraiment, toi, à cet enterrement dans les règles ? » Les répliques de Créon ne sont d'ailleurs que des séries de questions auxquelles, en l'absence de résistance de la part d'Antigone, il apporte lui-même les réponses (« tu te mettrais à hurler tout d'un coup »), finissant par lui faire admettre que tout cela est « absurde ».

La prise de conscience de la liberté

C'est entre le « **C'est absurde** » des deux personnages et la réplique d'Antigone, « **Pour personne. Pour moi** », que se situe le point culminant de cet épisode. C'est un début de prise de conscience, de la part d'Antigone, des raisons qui l'ont poussée à agir : en fait, il n'y en a pas, ou, tout du moins, ce ne sont pas celles évoquées par Créon. Mais Antigone n'y voit pas une défaite : elle est libre, et **c'est dans cette liberté que se situe sa victoire**. Elle est toute-puissante, invincible. Rien ne peut la contraindre, ni l'autorité royale, ni la force physique. Car pour que la contrainte soit effective, il faut que l'on veuille bien s'y soumettre. Et les injures ou menaces de Créon — qu'il la traite de « petite furie » et de « petite peste », ou qu'il lui décrive les tortures qu'il serait en droit de lui infliger — ne peuvent plus, désormais, l'intimider : ce qu'elle vient de découvrir, c'est qu'elle n'est plus une enfant, qui doit justifier ses actes, mais une adulte, qui n'a de compte à rendre à personne.

Mais Créon est roi, c'est là **son métier** et le rôle qu'il doit continuer de jouer — même si c'est « le mauvais rôle ». Il se veut puissant au point de sauver Antigone d'elle-même, de sa propre folie. C'est le mécanisme de toute dictature qui est ici décrit : un tyran, pour se faire obéir, utilise la menace, la contrainte morale, puis la contrainte physique. Mais ce qui est également montré, c'est l'inefficacité de telles pratiques : « Cela ne me fait même plus mal. Je n'ai plus de bras. » La torture elle-même est ridiculisée : « [...] te tordre le poignet, te tirer les cheveux comme on fait aux filles dans les jeux ». L'allusion au **combat de la Résistance** est manifeste, tout comme **la problématique de la fin et des moyens**. Car Créon parle de torture, et l'on sait qu'il essaie de rendre le monde meilleur. Et s'il tord le bras d'Antigone, c'est, paradoxalement, pour l'empêcher de mourir.

En définitive, dans cette première partie de la scène, **Créon a échoué** au jeu du plus fort. Non seulement il n'a pu intimider une jeune fille, mais il lui a fait prendre conscience, au-delà de l'absurdité de son acte, de son inaliénable liberté.

RESUME

A bout d'arguments, Créon change de tactique et s'attaque aux croyances d'Antigone. Il commence par lui dévoiler les rouages du métier de roi — métier souvent peu glorieux et bien difficile, mais il faut bien « qu'il y en ait qui mènent la barque ». Puis, pour faire fléchir sa volonté, il tente de lui ôter ses illusions sur son frère. Et l'horreur de cette histoire sordide de petits voyous frappant leur père, aussi vils l'un que l'autre, et dont on ne sait, en fait, lequel des deux a été enterré, fait effectivement faiblir l'adolescente encore pure. Mais Créon perdra l'avantage en commettant une faute irréparable : décrire à Antigone un idéal de vie qui, s'il est bien celui d'un vieil homme las et désabusé, est aussi ce bonheur médiocre et dérisoire que la jeune fille rejette. Et celle-ci, face à ce misérable espoir qu'on lui propose, face à ce bonheur de pacotille, ne pourra qu'à nouveau dire non.

COMMENTAIRE

Structure d'ensemble

Dans la deuxième partie de cette scène où s'affrontent Antigone et Créon, on peut distinguer **trois grands moments**. Tout comme dans la première partie, la progression constatée correspond à une **tension grandissante**.

En un premier temps, Créon adopte une nouvelle tactique. Il tente de donner à Antigone **une leçon de politique** : s'il agit comme il le fait, c'est pour que le peuple comprenne. Et il faut bien qu'il y en ait, comme lui, qui acceptent cette ingrate besogne, cette tâche dure, mais nécessaire, qu'est le métier de roi. Mais Antigone refuse de souscrire à cette vision de la vie, dans laquelle le « troupeau » reste l'image idéale des gouvernés : « [...] des bêtes, ce serait si simple ».

Puis Créon entreprend de révéler à sa nièce la véritable — et misérable — **histoire des deux fils d'Œdipe**. Deuxième coup de théâtre de la tragédie : on ne sait qui, d'Étéocle ou de Polynice, a été enterré. La défaillance d'Antigone est alors manifeste. Elle s'avoue vaincue (« Je vais remonter dans ma chambre »).

Enfin, une terrible maladresse de Créon — **l'évocation du « bonheur »** — renvoie Antigone à sa peur de la vie, de cette vie médiocre qu'on lui propose. Elle est à nouveau la fille d'Œdipe, intransigeante et révoltée, qui réclame la mort comme une délivrance à Créon « le cuisinier ».

La désacralisation du mythe

Il n'y a maintenant plus d'autre solution, pour Créon, que l'**ironie et l'humour noir.**

Avant de démonter en quelque sorte le mythe d'Œdipe, en dévoilant l'envers du décor assurément peu glorieux, Créon va s'attacher à expliquer son édit. C'est pour l'exemple que Polynice n'est plus qu'une « viande qui pourrit au soleil » et dont l'odeur « soulève le cœur ». La cause que défend Antigone est **réduite à un problème « d'hygiène »**. Le dégoût que tout ceci inspire à Créon est celui d'un esthète (« [...] je ne suis pas tendre, mais je suis délicat »). Néanmoins, la vision idéale (« cette ombre éplorée ») est ramenée à la trivialité, à la fois par une description plus que réaliste (« ce corps qui se décompose entre ses gardes ») et par la référence au quotidien (« Il y a du pain sur la planche » ; « Le soir, quand le vent vient de la mer, on la sent déjà du palais »). Le vocabulaire employé par Créon est là pour choquer tout autant le spectateur qu'Antigone : le corps est de la « viande », et le cadavre « pue ». Même lorsque les termes sont plus nobles (« je suis délicat »), ils ont quelque chose de familier et sont utilisés dans un contexte prosaïque (« j'aime ce qui est propre, net, bien lavé »).

Or, on sait que, si Créon agit et parle ainsi, c'est parce qu'il a dû, un jour, se mettre au niveau des « brutes qu'il gouverne » : « Un matin, je me suis réveillé roi de Thèbes. Et Dieu sait si j'aimais autre chose dans la vie que d'être puissant... »

Pourtant, **son dégoût et son mépris ne concernent pas exclusivement le peuple** : il sait que **la vie des grands est également « sordide »**. Aussi s'attaque-t-il à l'image d'Étéocle et de Polynice, qu'il décrit comme des voyous : « Deux compagnons de jeux qui te méprisaient sans doute, qui te cassaient tes poupées [...]. » Œdipe lui-même n'a plus rien du héros, ni du roi de la légende : « Ton père était assis à sa table, la tête dans ses mains. Il saignait du nez. Il pleurait. » Tout, ici, est ignoble, et ce qui oppose le père à ses fils est une histoire d'argent perdu au jeu. Les circonstances sont banales : les deux jeunes gens « ont commencé à sortir le soir », « à dépenser de l'argent dans les bars ». Ici encore, le registre est vulgaire (« sentir l'homme », « sentant le vin », « deux larrons en foire »).

Pour Antigone, c'est l'**écroulement**, d'un seul coup, **de toutes les illusions de son enfance**. Aussi se refuse-t-elle à croire ce qu'elle vient d'entendre (« Ce n'est pas vrai ! »), suppliant Créon de l'épargner, avant de finir par admettre « *sourdement* » : « Oui, c'est vrai. »

La victoire de Créon est alors totale, consacrée par un dernier aveu, dont le réalisme — et l'horreur — sont insoutenables : « Ils s'étaient embrochés mutuellement, et puis la charge de la cavalerie argyenne leur avait passé dessus. Ils étaient en bouillie, Antigone, méconnaissables. J'ai fait ramasser un des corps, le moins abîmé des deux [...]. » Ces trois phrases sont capitales : elles aboutissent au sommet de la tension dramatique. Les deux frères — ces deux « brutes », eux aussi, comme le dit Créon — sont de nouveau réduits à une simple matière sans âme, une « bouillie », et à la confusion des corps fait écho la confusion des valeurs, leur effondrement : « Et je t'assure que cela m'est égal. » La « chute » est monstrueuse et, terrassée, en plein cauchemar (elle « *se lève comme une somnambule* »), Antigone se résout enfin à regagner sa chambre : Créon n'a plus qu'à lui dicter sa vie.

Un univers factice

La désacralisation du mythe est cependant décrite ici de façon bien particulière. C'est un vocabulaire emprunté au théâtre que l'auteur emploie pour opposer l'apparence, l'illusion, à la réalité : l'orgueil d'Œdipe l'avait conduit à jouer un rôle ; Créon lui-même a un rôle, même si ce n'est pas le bon ; et Antigone doit connaître « les coulisses du drame » où elle « brûle » de jouer un rôle. Quant aux funérailles d'Étéocle, il s'agit aussi d'une représentation, bien que pitoyable, puisque, pour « ce prix de vertu », « tout le peuple était là » — même si le prix de vertu ne valait pas cher, et le peuple non plus. Tout y est d'ailleurs factice : les vieillards sont « faussement émus » et ont des « trémolos » dans la voix, et les prêtres ont la « tête de circonstance ». C'est une pièce tragi-comique où chacun joue son rôle au mieux, **la vérité ne valant pas mieux que le mensonge**. Or, pour le jeune auteur qu'est

alors Anouilh, le théâtre doit reposer sur un « discours » honnête, vrai :
il doit retrouver **une fonction sociale**.

Organisation et anarchie

Créon a donc mis en scène lui-même le mythe d'Œdipe, qu'il protège, paradoxalement, par son silence sur la réalité des faits, « la cuisine ». En fait, il cherche à remettre les choses en ordre, à superposer
l'ordre au hasard par lequel Polynice a réussi son coup avant Étéocle.
Tout lui semble bon, en effet, pour s'opposer au désordre et à la
rébellion.

La vision que Créon a des hommes est une **vision très noire** : ce
sont des « brutes » (Polynice lui-même n'est qu'« un petit fêtard, imbé-
cile, un petit carnassier dur et sans âme, une petite brute [...] »), des
êtres sans intelligence et dangereux. La métaphore des « bêtes » est
reprise plus loin : ce qui les caractérise, c'est l'instinct, d'une part,
l'anonymat, d'autre part (« il en restera toujours une [...] toute pareille
à celles qui sont passées avant »).

Le « roi » ou, plus largement, **le politique**, est défini ici de deux manières. Il est d'abord comparé au **pilote d'un bateau**, qui doit « mener
la barque ». L'entreprise est difficile et le parcours semé d'embûches :
la tempête représente la menace extérieure, mutinerie ou révolution.
C'est l'état d'urgence, et défendre des valeurs apparaît comme un luxe
lorsqu'il s'agit, avant tout, de défendre sa vie : « Crois-tu, alors, qu'on
a le temps de faire le raffiné, [...] de se demander s'il ne faudra pas
payer trop cher un jour et si on pourra encore être un homme après ? »
C'est toujours de la nécessité qu'il s'agit, et Créon est lui aussi, par
là même, **un personnage tragique**.

Mais, ici « il n'y a plus de nom. [...] Il n'y a plus que le bateau qui
ait un nom et la tempête. » Aussi, quel que soit son courage dans
l'adversité, le roi ne peut-il être un héros. Il n'est qu'un **ouvrier** qui,
par honnêteté, n'a pas refusé l'ouvrage. Pourtant, **l'image est déva-
lorisante** : « Il faut suer [...] et s'en mettre jusqu'aux coudes. » Ce n'est
pas le bon rôle et Créon le sait. A gouverner le peuple, il est trop près
de lui : c'est une des raisons pour lesquelles Antigone le méprise.

On retrouve cependant cette image de l'ouvrier dans les propos
mêmes de la jeune fille. On se souvient de la servante qui lavait la vais-
selle : à présent, ce sont « ses ongles cassés et pleins de terre » qu'elle
évoque. Mais la différence, c'est qu'elle ne cherche pas à faire régner

l'ordre dans Thèbes. Elle, n'a pas de but. Elle « ne veut pas comprendre », elle dit non. Tout ce qu'elle sait, c'est qu'elle ne veut pas être « modeste ». Elle est libre, et cette liberté est précieuse : « Moi, je ne suis pas obligée de faire ce que je ne voudrais pas ! » Refusant de se soumettre à Créon, **elle oppose à l'ordre l'anarchie**.

Ce « réflexe » anarchique repose sur son **refus de la vie** : « Je suis là pour vous dire non et pour mourir. » Ce refus se fait d'ailleurs de plus en plus violent, de plus en plus agressif : « [...] la plus petite chance d'espoir à étrangler. Nous sommes de ceux qui lui sautent dessus quand ils le rencontrent, votre espoir, votre cher espoir, votre sale espoir ! » Car la vie est avant tout **cette organisation, cet ordre**, que prône Créon, ce monde d'arbres et de bêtes qu'il décrit : les « bêtes » appartiennent à une « espèce » et s'occupent essentiellement de se nourrir (« l'instinct de la chasse ») et de se reproduire (« refaire des petits »). Il s'agit là d'une vision très matérialiste de l'existence, qui ne laisse de place ni à l'individu ni à la réflexion.

Aussi cette vie qu'on lui promet paraît-elle à Antigone bien terne, bien fade et **bien étriquée** : « une eau que les jeunes gens laissent couler [...] entre leurs doigts. [...] une petite chose dure et simple qu'on grignote assis au soleil. » Elle est réduite à des choses aussi simples qu'un enfant, un livre, un outil et un banc devant sa maison. C'est sa propre vie que Créon décrit ici, comme s'il cherchait à se rassurer lui-même : « La vie, ce n'est peut-être tout de même que le bonheur. »

Mais pour Antigone, qui découvre peu à peu la liberté, cette petite existence tranquille est odieuse (« son petit lambeau de bonheur »). Elle n'a pas besoin de l'amour d'Hémon, mais de sa passion (« Si Hémon ne doit plus pâlir quand je pâlis [...] »). Et si elle peut voir un ordre dans cette vie qui n'en vaut pas la peine, dans ces rides, cette sagesse, ce ventre et « tous ces petits plis sur le visage » qu'elle dénonce, c'est bien celui de **la déchéance**.

Une révolte contre la laideur

On a pu remarquer, dans une grande partie de cette scène, la crudité du style, ainsi que l'abondance des **images renvoyant au corps ou à la nourriture**. Le champ sémantique est vaste : « viande », « bouillie », « cuisine », « ventre », jusqu'au bonheur qui est vu comme « un os », que les chiens « lèchent » comme « tout ce qu'ils trouvent » — tout ceci n'inspirant que le **dégoût** ou l'**horreur**.

Or, la révolte d'Antigone, s'il paraît de plus en plus difficile de lui attribuer un sens moral, peut être vue, par contre, sous l'angle de **l'esthétique**. Si Créon n'a même pas les qualités qui feraient de lui un « bon tyran », c'est parce qu'il a peur. Et ce n'est pas mal d'avoir peur, mais « c'est laid ». De même, après que la vérité sur ses frères lui a été révélée, Antigone ne parle plus de son droit ou de son devoir, mais de la vie, dont l'espoir est « sale ».

Il ne faut pas oublier qu'**Antigone est laide** — ou tout du moins qu'elle se voit comme telle. Elle le redit ici : « Oui, je suis laide. » Mais ce qu'elle dit aussi, c'est que **cette laideur s'efface lorsque le drame est consommé** et que la tragédie est à son sommet. Il en a été ainsi pour son père (« Papa n'est devenu beau qu'après [...]. Alors il s'est calmé tout d'un coup [...], et il est devenu beau. » C'est peut-être la raison pour laquelle la jeune fille — dont les complexes peuvent expliquer la violence : « C'est vous qui êtes laids, même les plus beaux » — se précipite ainsi vers la mort, abandonnant à leur pauvre laideur toutes ces « têtes de cuisiniers » : pour être belle comme son père.

La révolte d'Antigone n'oppose donc pas certaines valeurs à d'autres, et le conflit du bien et du mal semble être remplacé par celui du beau et du laid. Le scepticisme d'Anouilh a fait de cette révolte une **dénonciation nihiliste** des valeurs morales, par **les moyens de l'art**, c'est-à-dire du théâtre.

RESUME

Ismène intervient, demande pardon à sa sœur et lui annonce qu'elle veut partager son sort. Mais Antigone rejette durement cette solidarité tardive : Ismène, qui ne s'est jamais impliquée jusqu'alors, ne mérite pas sa part de malheur, ni de gloire. Cependant, Antigone se sert de cet incident pour provoquer Créon et lui soutirer sa condamnation.

Antigone est alors emmenée par les gardes, suivie par sa sœur éperdue.

COMMENTAIRE

Une Ismène au courage suspect

Ce revirement d'Ismène existe déjà dans la pièce de Sophocle, mais il n'est là que pour montrer comment Créon est poussé à l'héroïsme par Antigone.

Ici, ce changement d'attitude introduit, en apparence, un trait de caractère inattendu de la part d'Ismène : le courage. Mais, en réalité, ce courage n'en est pas un. Cette solidarité soudaine d'Ismène ne s'explique que par la crainte de quitter sa sœur. Sa peur de la solitude apparaît encore plus forte que sa peur physique de la mort : « J'irai maintenant avec toi », « mourir avec elle », « je ne veux pas rester sans toi ! »

Ismène se révèle donc totalement **dépendante** de sa sœur, n'existant que par rapport à elle. C'est un personnage que l'on trouve dans la pièce de Sophocle, mais dans aucune autre version du mythe — dont la présence ne sert qu'à **mettre en valeur la constance d'Antigone et son courage**.

Une Antigone sans indulgence

En dépit de ce courage, Antigone n'apparaît pourtant **pas très sympathique** au premier abord. Elle se montre hostile, rudoyant sans cesse sa sœur (« pas toi », « jérémiades », « laisse-moi ») et très **égoïste**, s'obstinant à vouloir mourir seule, comme une enfant qui ne veut rien partager. Sa mort, elle l'a choisie et, donc, elle la mérite. Son acte est difficile et elle en est fière. Cet **orgueil** fait intimement partie d'elle-même. En effet, ce qui subsiste de sa volonté de rendre les derniers honneurs à Polynice, après que Créon lui a révélé la vérité, c'est l'orgueil et l'audace . Aussi insiste-t-elle sur la dureté de ce qu'elle a dû faire, ou subir : « dans la nuit », « gratter la terre avec les ongles », « [se] faire empoigner comme une voleuse », au risque d'ôter à son devoir toute dimension sacrée.

Dès lors, on assiste à une sorte de déplacement, qui fait de la personne même d'Antigone le sujet central de la pièce, et non plus de l'acte délictueux. Celle-ci apparaît comme un **individu « contagieux »**, capable d'influencer ceux qui l'entourent et d'en faire des disciples de sa révolte contre la loi et l'État représentés par Créon. Ne possède-t-elle pas, en effet, une sorte de magnétisme assez puissant pour amener quelqu'un d'aussi lâche qu'Ismène à se dénoncer pour un méfait qu'elle n'a pas commis ? L'essentiel est donc de la faire taire, premier devoir d'un pouvoir tyrannique.

Mais la conclusion de cette scène est paradoxale*: celui qui subit véritablement l'influence d'Antigone, c'est Créon. En réalité, c'est à lui, et non à Ismène, qu'elle donne du courage, puisqu'il ordonne alors d'emmener la jeune fille. Le sort de la victime et du bourreau sont indissolublement liés.

PARTIE 13
(p. 99 à 100)

Créon est seul avec le Chœur. Celui-ci incarne, en quelque sorte, sa mauvaise conscience : il tente de le fléchir, de le faire revenir sur sa décision, et l'avertit des conséquences de son acte. Mais Créon se justifie : il a compris sa nièce. Antigone voulait mourir, Polynice n'était qu'un prétexte. Le véritable crime aurait été de la condamner à vivre.

COMMENTAIRE

Un nom marqué par le destin

Cette scène capitale pour la compréhension de ce que sont, pour Anouilh, **la fatalité et le héros tragique**, est centrée sur le personnage d'Antigone. L'attitude de l'héroïne est défendue, paradoxalement, par Créon.

« **Il fallait qu'elle meure** » : cette phrase essentielle montre la nécessité de la mort comme dénouement, son caractère inéluctable. Ce principe est au cœur même de toute tragédie. Mais ce qui fait la spécificité d'*Antigone*, c'est l'évacuation de toute transcendance. La piété filiale et fraternelle, Polynice et les rites religieux ne sont, en fait, que des « prétextes ». La mort est, ici, liée à l'existence même d'Antigone. Rien ne peut l'empêcher : « Antigone est faite pour mourir. » D'où l'entêtement du personnage, son obstination à mourir.

Créon parle d'ailleurs d'Antigone **au passé**, comme si elle était déjà morte (« elle qui voulait », « ne le savait pas », « elle a dû », « ce qui importait pour elle »...). Le rôle de celle-ci semble terminé, Créon occupant ainsi le devant de la scène.

La tragédie a aussi vertu d'**enseignement**. Les êtres exceptionnels qu'elle met en scène sont des **modèles**, des exemples. Antigone est une héroïne pour la postérité : aussi fallait-il qu'elle meure. La laisser vivre l'aurait condamnée non seulement à **la banalité du compromis**, mais aussi probablement à l'oubli.

La métaphore utilisée ici, à propos de la mort d'Antigone, est celle du Christ, rédempteur, comme elle, de l'humanité : « Nous allons tous porter **cette plaie au côté**, pendant des siècles. » Qu'est-ce, sinon un clin d'œil de l'auteur nous rappelant que le mythe repris ici, vieux de plusieurs siècles, est toujours vivant, et que sa **puissance symbolique** est presque aussi grande que celle de la vie du Christ. Et, de fait, le parallèle s'impose : de même que le Christ triomphe de la mort par sa mort sur la croix, Antigone triomphe de la mort par sa mort acceptée.

Hémon (Gilles Watteaux) et Créon (Jean Servais).

PARTIE 14
(p. 100 à 105)

RESUME

Voyant que l'on emmène Antigone, Hémon accourt en criant et réclame l'aide de son père. Mais Créon l'adjure d'oublier Antigone, de la laisser à sa folie et à sa mort. Après l'intervention du Chœur — qui propose de faire passer Antigone pour folle ou de la faire fuir secrètement —, un nouvel affrontement commence, cette fois-ci entre le père et le fils.

Créon parle à Hémon avec tendresse, espérant le faire renoncer à sa fiancée. Mais Hémon se retourne contre ce père impuissant qui lui demande d'accepter l'inacceptable : les compromis de l'âge adulte. Même s'il perd peu à peu les illusions de l'enfance, il refuse cependant, lui aussi, de dire « oui ». Désespéré, il sort comme un fou en appelant Antigone à son aide.

COMMENTAIRE

Visages de la folie

Cette scène repose sur un **affrontement verbal** qui doit sa violence à la présence du thème de la folie : « Tu es fou, père » ; « Elle a préféré sa folie » ; « Elle est folle ». Ces accusations traduisent, de part et d'autre, une **incompréhension** : Hémon ne comprend pas l'attitude de son père, Créon ne comprend pas — à ce moment-là — ce qui pousse avec tant de force Antigone.

Mais la folie correspond également ici à la tension grandissante, à l'**exaltation visible d'Hémon**. Il entre en criant — et le Chœur dira qu'« il est sorti comme un fou » —, il supplie son père avec force (ses phrases sont souvent des exclamatives). Les changements de ton qu'il adopte dans la scène sont révélateurs d'un esprit tourmenté, bouleversé. Hémon paraît, en quelque sorte, gagné par la folie d'Antigone, comme en témoigne l'explosion finale. Le garçon sage que nous connaissions ne se maîtrise plus.

La folie, enfin, **c'est ce qui n'est pas conforme au sens commun**, ce qui échappe au contrôle de la raison. Celle-là est incarnée par Créon, si raisonnable, ici, qu'il réfute par la logique tous les arguments qu'on lui présente : « Ils diront que ce n'est pas vrai. Que je la sauve parce qu'elle allait être la femme de mon fils » ; ou bien : « Je suis le maître avant la loi, plus après. » C'est un homme bien sage, aussi, et bien résigné qui répète, presque mécaniquement, « Je ne peux pas », « Si, Hémon. Si, mon petit » ou encore « Oui, Hémon », à plusieurs reprises.

En face de lui, il y a Hémon, et un Hémon **fou de colère**. Or la fureur est ce qui, dans la tragédie grecque, conduisait le héros à sa perte. On sait donc, dès à présent, qu'Hémon devra mourir et que son père sera châtié autrement.

L'enfance, paradis perdu

L'opposition de la fureur et de la raison fait écho à celle **de l'enfance et de l'âge adulte**. Le paradis de l'enfance est décrit avec regret par Hémon. Il était pourtant plein de « monstres et d'ombres » menaçants, et d'« odeurs défendues », mais il y avait la chaude atmosphère familiale (« le bon pain du soir sous la lampe ») et le réconfort paternel. C'était aussi un temps consacré au rêve, à l'imagination sans limites et à l'exaltation de valeurs nobles, puisque Hémon se souvient des « livres pleins de héros » qu'il lisait et où il a su trouver des modèles pour la conduite de sa vie. L'enfance apparaît donc comme le **lieu de la formation morale et intellectuelle**, mais aussi **celui du mensonge**.

Le père : un héros vivant ?

Le mensonge, c'est ce bonheur illusoire que crée **la présence du père**. Or la figure du père se dessine ici de deux façons. D'une part, l'attitude de Créon envers Hémon dans cette scène nous le montre tendre, attentionné et même « humble » : il répète souvent « mon petit », « mon garçon », comme s'il voyait toujours son fils enfant. D'autre part, dans les souvenirs d'Hémon, le père est représenté sous les traits d'un « dieu géant fort et courageux », ou d'une sorte d'éducateur « qui montrait des livres dans son bureau », plein de « soins et d'orgueil » pour son enfant. Ce père est donc doublement un modèle puisque, en plus d'être père, il est un héros « vivant », semblable à ceux des livres, et dont l'existence même prouve, en quelque sorte, la réalité du monde héroïque.

« C'est cela devenir un homme »

C'est pourquoi Hémon supplie son père de lui permettre de continuer à l'admirer. Cette déchirure dans les certitudes de l'enfant est **le passage à l'âge adulte**. Ce passage est marqué, dans le texte, par l'opposition du passé au présent. Les étapes de la désillusion sont ensuite nommées : il y a d'abord le **refus** représenté par les dernières larmes de l'enfant, puis la **rupture**, qui a lieu « un jour plus ou moins triste » où l'on est obligé de voir « le visage de son père en face » et, enfin, la **solitude**, dans un « monde trop nu ».

L'étape essentielle, on le voit, est le conflit avec le père auquel on s'identifiait, conflit qui permet à l'adolescent de trouver **sa propre identité**. Or ce conflit se cristallise autour de ces mots de Créon : « Ne me juge pas, Hémon. Ne me juge pas toi aussi. » On ne peut pas ne pas penser à la célèbre phrase de César, s'adressant à son fils adoptif Brutus : « *Tu quoque, fili* » (Toi aussi, mon fils). Le conflit qui sépare Hémon et Créon est donc bien plus qu'un conflit de générations : il sera meurtrier. Car, tel Brutus, Hémon ne succédera jamais à son père. Il se tuera, après avoir menacé Créon. C'est ce que cette scène annonce déjà, à travers une méditation à la fois belle et complexe sur l'univers de l'enfance, le monde adulte et les rapports humains.

RESUME

Le Chœur, touché par l'amour d'Hémon, exhorte alors Créon à « faire quelque chose » pour son enfant. Créon l'entend à peine, atteint lui-même par la douleur de son fils, entraîné, malgré lui, dans la tragédie. Puis Antigone rentre soudainement, poursuivie par la foule haineuse qui envahit le palais, et réclame l'intervention de Créon : si elle a accepté la mort, c'est pour trouver enfin le repos.

Créon redevient alors roi et sort pour rétablir l'ordre, laissant le premier garde auprès d'Antigone.

COMMENTAIRE

La soumission au destin

Ce n'est plus un Créon autoritaire et sûr de lui que nous découvrons ici, mais un homme effondré, terrassé par le sort, accablé par cette fatalité qui vient de lui ôter l'affection de son fils. L'homme de pouvoir qu'il est avoue qu'il « ne peut plus rien », qu'il est soumis, comme les autres, à la fatalité. C'est en vain qu'il s'est débattu pour éviter la catastrophe qui le menaçait. Par son acceptation, il s'est fait le jouet du destin et le **mécanisme de la tragédie** l'emporte maintenant dans son **mouvement destructeur**.

Mais l'entrée d'Antigone permettra au roi de se replonger dans l'action et d'oublier son chagrin. Les différents traits qui caractérisent l'homme politique sont ici présents. Le roi est tout d'abord vu comme le « chef » militaire prêt à défendre physiquement l'ordre, l'État étant symbolisé par l'espace du palais. C'est également un homme d'action, qui prend des décisions et fait preuve d'autorité (« La garde aux portes ! Qu'on vide le palais !) ». Enfin, s'il est un homme de terrain, il est aussi le défenseur de la loi, qu'il a d'ailleurs lui-même promulguée. S'il défend Antigone de la foule, c'est parce qu'il est le **représentant de l'ordre** et que cet ordre est tout autant menacé par la foule que par Antigone.

Créon peut alors paraître en totale contradiction avec lui-même en condamnant la jeune fille au nom du peuple de Thèbes, pour ensuite la sauver de celui-ci. Mais s'il le fait, c'est parce qu'il est désormais **complice d'Antigone** : en prononçant la sentence (« Emmenez-la », p. 99), il la soutient dans sa volonté de mourir. Désormais, il obéit aux volontés d'Antigone car celle-ci l'a vaincu en l'obligeant à décréter sa mort. Ce n'est pas seulement la liberté de Créon face à la fatalité qui a été annihilée, mais aussi sa liberté de décision face à une volonté plus puissante — pourtant celle d'une toute jeune fille.

La foule persécutrice

S'il peut se laisser vaincre par une enfant, Créon refuse cependant de céder à la foule. Nous découvrons celle-ci pour la première fois, mais nous n'en entendons, du reste, que les cris : la hantise exprimée par Ismène au début de la pièce semble se réaliser. Il s'agit en effet d'une **masse anonyme et indistincte** ; bestiale, elle émet des sons dont on ignore la signification (« foule hurlante ») ; **elle se définit par sa haine et sa puissance aveugles** (elle cherche à enfoncer des portes), et par son indiscipline, puisqu'elle n'obéit que devant une démonstration de force du pouvoir. Les « visages » dont parle Antigone font ainsi écho aux « mille visages » et au « seul regard » redoutés par Ismène. Aussi ce court épisode explique-t-il bien la métaphore du capitaine et de l'équipage mutiné, précédemment développée par Créon (p. 81).

Mais l'intervention de la foule a aussi une autre signification : elle permet d'isoler Antigone qui, ainsi persécutée, apparaît plus pitoyable. Cet épisode en rappelle un autre : celui de l'Évangile, où la foule réclame la libération de Barabbas et la crucifixion du « roi des Juifs », malgré les réticences de Pilate. Cet épisode biblique s'intitule la « Passion » du Christ. Or c'est par sa **passion** que se caractérise le héros tragique. On retrouvera plus loin cette métaphore religieuse, aussi surprenante soit-elle dans le théâtre de Jean Anouilh.

PARTIE 16
(p. 106 à 117)

RESUME

Restée seule avec le garde, Antigone cherche à parler avec le dernier homme qu'elle verra avant de mourir. Mais le garde est hostile et méfiant. Il devient cependant plus bavard lorsque le sujet commence à l'intéresser : le service, la rivalité entre le garde et le sergent. Il parle d'autant plus volontiers qu'il cherche à éluder les questions d'Antigone sur la mort. Il lui apprend néanmoins — sans pour autant se détourner de son propos — qu'elle va être emmurée vivante.

Antigone se sent soudain lasse, totalement seule, et ce d'autant plus que le garde commence par refuser de transmettre la lettre qu'elle veut lui confier. Il accepte enfin de la prendre sous sa dictée, contre une bague en or. Mais les mots d'amour semblent désormais vains. Et lorsque Antigone entend le garde répéter mécaniquement ses paroles, tout lui paraît lamentable et inutile. Sa mort même n'a plus de sens. Elle n'a d'ailleurs même pas le temps de dire à qui son message s'adresse : les gardes viennent la chercher.

COMMENTAIRE

Lors de sa dernière comme de sa première apparition, Antigone éprouve le besoin de confier son angoisse. Mais ici, celui qui pourrait être son confident est encore moins sûr et encore moins enclin à partager ses sentiments que la première fois.

Un dernier dialogue comique

Antigone, seule face à la mort, cherche à échapper à son angoisse. Aussi veut-elle s'intéresser à ce que cache son « dernier visage d'homme ». Mais pour le garde, qui ne connaît que le règlement, elle n'existe qu'en tant que criminelle dont il faut se méfier. C'est pourquoi il refuse tout d'abord de répondre à une question pourtant innocente (aime-t-il ses enfants ?) puis de se charger de la lettre qu'elle voudrait lui confier. La communication est donc impossible et Antigone devra se contenter d'écouter les récriminations du garde.

Elle joue alors le jeu de la politesse sociale : « Il y a longtemps que vous êtes garde ? » Le garde saisit la perche qu'on lui tend et devient soudain volubile. Mais il n'est capable que de débiter des platitudes. Ainsi, lorsque Antigone l'interroge sur la mort, ce n'est pour lui que l'occasion de rappeler ses souvenirs d'ancien combattant (« Pendant la guerre, ceux qui étaient touchés au ventre, ils avaient mal »), ne répondant évidemment pas à l'attente de la jeune fille, puisqu'il ne parle que de souffrance physique. Même l'évocation du futur tombeau d'Antigone ne parviendra pas à l'éloigner de son univers quotidien : il est, au contraire, prêt à reprendre son stupide monologue.

Cette attitude, tout à fait déplacée au regard du tragique de la situation, crée indiscutablement un effet comique. Néanmoins, par rapport aux scènes « comiques » précédentes, l'évolution est nette. Ici, deux registres de langage s'opposent, reflétant deux visions du monde : **le registre vulgaire du garde** (les phrases sont souvent nominales et les expressions, familières : « Elle a bon dos, la garde ! »), qui nous est déjà familier puisqu'il s'agit de Jonas, atteint ici au paroxysme de la brutalité et du cynisme inconscients (au moment même où il annonce à Antigone le supplice qui l'attend, il se roule une chique) ; à l'inverse, **le registre noble d'Antigone** culmine avec cette image très poétique qu'Anouilh a reprise de Sophocle : « Ô tombeau ! Ô lit nuptial ! Ô ma demeure souterraine !... » Ces deux registres se heurtent et le décalage entre la situation de l'héroïne et les propos du garde choque autant qu'il fait sourire.

La solitude

Ce décalage entre la médiocrité des propos du garde et le pathétique de la situation ne fait que souligner l'**isolement** de la jeune fille. Antigone est seule parce qu'**elle ne fait pas partie de la même humanité que le garde**. L'utilisation des pronoms le montre. Antigone tutoie d'abord le garde, qui la vouvoie. Mais elle n'obtient d'explications de sa part qu'en se faisant « *tout humble* », en le vouvoyant. Enfin, lorsqu'elle comprend qu'elle ne peut rien attendre de lui, elle revient au tutoiement. Tout montre qu'elle considère le garde comme quelqu'un d'une autre race : elle lui demande s'il aime ses enfants (ce qui, en principe, est une évidence) et s'étonne ensuite que l'on puisse être garde. Par cette attitude, elle se refuse donc elle-même le seul soutien qu'elle aurait pu obtenir.

Or, ceux qui l'entouraient au début — sa nourrice, Hémon, Ismène — ne sont plus là. Et Antigone ressent d'autant plus sa solitude que la mort qui a été choisie pour elle n'est pas une mort immédiate : cette solitude, elle va devoir l'éprouver jusque dans l'obscurité de son tombeau. On comprend pourquoi Antigone choisira de se pendre.

Antigone exprime sa solitude sur un ton pathétique assez inhabituel jusqu'ici : « Des bêtes se serreraient l'une contre l'autre pour se faire chaud. » Tout se passe comme si Anouilh avait momentanément abandonné le masque de la désinvolture.

L'échec de l'héroïsme ?

Lorsque Antigone décide d'écrire une lettre à Hémon, elle n'est plus sûre d'elle-même, elle ne « sait plus pourquoi elle meurt ». L'acte de révolte est ainsi privé de toute signification et **son absurdité rendue manifeste**. L'aventure de la lettre symbolise cet échec : Antigone s'adresse à Hémon, mais il est trop tard et c'est pour constater : « Je le comprends seulement maintenant combien c'était simple de vivre... » La lettre est d'ailleurs modifiée pour que personne ne comprenne son désarroi — souci bien vain, puisque, de toute façon, son destinataire ne la recevra jamais. Antigone n'aura pas su rester forte jusqu'au bout et son dernier acte aura été dérisoire.

Pourtant, l'échec n'est que relatif. Ces derniers instants de doute et de solitude sont à mettre en parallèle avec les derniers moments du Christ. Aussi cette faiblesse apparaît-elle **profondément humaine**, puisque même celui qui représente pourtant le « modèle absolu » l'a connue.

PARTIE 17
(p. 117 à 119)

RESUME

C'en est terminé pour Antigone, mais la tragédie va maintenant s'abattre sur Créon et les siens : c'est ce que vient
annoncer le Chœur. Soudain, un messager fait irruption,
cherchant la reine. Il raconte alors comment s'est déroulée
l'exécution capitale. Au moment où l'on refermait la dernière
demeure d'Antigone, des plaintes se sont fait entendre.
Créon seul a compris et a ordonné de rouvrir la tombe : la
jeune fille s'était pendue et Hémon la tenait dans ses bras.
Créon a voulu raisonner son fils mais celui-ci lui a craché au
visage et, après l'avoir menacé, s'est tué avec son épée.

COMMENTAIRE

Le rôle du récit

Comme dans la tragédie grecque, c'est le Messager qui vient annoncer la mort d'Antigone et d'Hémon. Le Prologue l'avait décrit : il est
pâle et solitaire — comme sont « un peu pâles » les deux amants que
Créon fera coucher l'un près de l'autre.

Son rôle est très secondaire, puisqu'il ne participe pas directement
à la tragédie. Mais, par son intervention, une des règles fondamenta-
les de la tragédie classique se trouve respectée : que la mort des personnages — comme toute autre violence — ne soit pas montrée sur
scène. Le procédé du « récit » est courant dans la tragédie classique,
et le modèle le plus célèbre en est peut-être celui de Théramène racon-
tant la mort d'Hippolyte, tué par un monstre, à la fin de la *Phèdre* de
Racine.

Cette narration a un rôle dramatique. Elle est le lieu d'une concentration et même d'**une accélération du temps de l'action**. En effet,
entre le moment où Antigone est emmenée par les gardes et celui où
le Messager entre en scène ne se sont pas écoulées, pour le spectateur, plus de quelques secondes. Mais, comme la narration est faite
au passé, on pourrait avoir l'impression que l'exécution s'est effectivement déroulée dans les coulisses ! Le dénouement étant connu

69

d'avance, cet artifice permet aussi d'éviter d'inutiles longueurs : l'essentiel n'est pas l'intrigue, mais la prise de conscience du héros tragique et ses tentatives pour échapper à la fatalité — et, dans le cas d'*Antigone*, le face-à-face entre l'héroïne et Créon. On peut remarquer, par ce procédé d'accélération, combien l'art théâtral est fait d'« illusion comique » et de conventions.

Un vieillard meurtri

La narration repose sur la supposée objectivité du Messager, en tant que témoin visuel de la scène. Les pronoms sujets sont à la troisième personne : « il » représente Créon, mais il y a aussi les anonymes, « tous », « chacun », et l'impersonnel « on », souvent répété.

En fait, cet effet de distanciation* contribue à **mettre en valeur les actes de Créon**. Tout tourne autour de sa personne, d'autant que tous semblent observer ses réactions. Or, c'est l'un des seuls moments où il réagit plus en père qu'en roi. Son sang-froid habituel s'effondre : lorsqu'il comprend le drame qui se joue, il « hurle soudain comme un fou » ; puis il est vu en « roi suant, dont les mains saignent » ; ses cheveux sont blancs, ce qui peut surprendre chez cet homme si robuste encore ; il va jusqu'à « supplier » son fils — dont il a rejeté les supplications plus tôt —, dont il ne peut éviter le regard ; enfin, il n'est plus qu'un « vieil homme tremblant ». Il semble en fait que l'accélération du temps évoquée plus haut puisse également s'appliquer à la vie de Créon : la vieillesse s'abat tout à coup sur lui, faisant de lui ce roi désabusé que nous verrons ensuite.

Un tableau poignant

Le portrait de Créon repose essentiellement sur l'opposition entre sa vieillesse et la jeunesse passionnée d'Hémon. La force de ce contraste et l'aspect presque invraisemblable de l'exécution (on ne sait comment Hémon a pu s'introduire dans la tombe à l'insu de tous) créent un réel effet dramatique. On obtient une sorte de tableau vivant qui pourrait être présenté sur scène par une pantomime : ce qui ressort, en effet, ce sont les attitudes (« Chacun se tait et écoute », « Tous regardent Créon », « Il se dresse, les yeux noirs ») et les gestes (« Les esclaves se jettent sur les blocs entassés », « Créon a bondi hors de portée »...), mis en valeur par la vivacité du style, tandis que l'absence de lien entre les phrases renforce le suspense.

Parfois, cependant, le tableau se fige. C'est le cas lorsque l'on découvre Antigone pendue au fond de la tombe, « aux fils de sa ceinture, des fils bleus, des fils verts, des fils rouges qui lui font comme un collier d'enfant, et Hémon à genoux [...] », ou lorsque Hémon « se dresse, les yeux noirs, et [...] regarde son père sans rien dire, une minute [...] » À chaque moment réellement « dramatique », le temps paraît s'arrêter. La couleur intervient alors : les fils sont bleus, verts ou rouges, les cheveux blancs, les yeux noirs et la flaque de sang rouge encore. Par ce tableau, à la fois expressionniste et naïf — fait de couleurs primaires, où le rouge domine, et de non-couleurs —, Anouilh veut créer **un choc visuel autant que dramatique**.

Certaines références littéraires viennent immédiatement à l'esprit, dont l'évocation implicite semble destinée à mieux suggérer au spectateur l'horreur de ce drame dont il ne connaît que le récit. La pose d'Hémon qui tient Antigone dans ses bras et « gémit, le visage enfoui dans sa robe » fait penser à la fin d'*Atala*, de Chateaubriand, dont les funérailles ont été illustrées par un tableau de Girodet, *Atala au tombeau*, très proche de ce qui est ici décrit (Atala s'est elle aussi suicidée, et pour des raisons religieuses).

Mais si Anouilh cherche à stimuler l'imagination du lecteur, il semble néanmoins que l'objectif premier soit la parodie : en effet, l'opposition violente entre Hémon et Créon, qui tourne presque au duel (Hémon « tire son épée »), dresse un jeune homme à peine sorti de l'enfance contre un « vieil homme tremblant » qui est un obstacle à son bonheur et à son mariage. C'est également la trame du *Cid*, de Corneille. Mais ici, le fier jeune homme plein de mépris n'est pas le vainqueur. La leçon à tirer est donc toute différente. Il ne faut pas oublier qu'en 1942, au moment où Anouilh conçoit *Antigone*, dans un combat comme celui que mène la Résistance, l'héroïsme est un héroïsme amer et désabusé : dans une France gouvernée par un vieillard, les héros de l'ombre meurent pour une cause qui peut sembler désespérée.

RESUME

Créon revient après avoir rendu les honneurs funèbres aux deux amants, enfin réunis dans la mort. Le Chœur lui annonce alors que ses malheurs ne sont pas terminés : Eurydice, la reine, en apprenant la mort de son fils, s'est coupé la gorge. Créon réagit à peine, tel un ouvrier un peu las après une dure journée de labeur et qui souhaiterait lui aussi se reposer. Il reste seul avec son petit page. Mais le devoir l'appelle à nouveau : il y a conseil à cinq heures. Et il sort, s'appuyant sur son page, d'un pas que l'on imagine plus lourd que de coutume.

COMMENTAIRE

L'amour et la mort

Cette courte scène peut paraître manquer d'unité : on y parle de l'ensevelissement des deux fiancés, puis de la mort d'Eurydice, et enfin du page. Pourtant, certains thèmes et certaines images relient ces trois moments. Tout d'abord, la métaphore nuptiale : Hémon et Antigone sont, dans la tombe, « deux amants au lendemain de la première nuit », couchés l'un près de l'autre, comme des gisants. Cette image rappelle Tristan et Iseult, ou, mieux encore, la tragédie de Roméo et Juliette (dont les héros se suicident également dans un tombeau). On repense aux paroles d'Antigone lorsqu'elle apprend son châtiment : « Ô tombeau ! Ô lit nuptial ! Ô ma demeure souterraine ! » Ainsi, l'amour ne peut **se réaliser que dans la mort** : il aurait sinon été condamné, comme toute chose, à se dégrader. Aussi l'image de cette mort est-elle **positive**, et Créon semble envier ce soulagement éternel : « Ils ont fini, eux. »

C'est d'ailleurs dans la chambre nuptiale que la reine se tue. Mais la chambre décrite ressemble à celle d'une jeune fille, avec son odeur de lavande, ses napperons brodés, ses cadres de peluche. L'adjectif « petit » revient deux fois : « petits napperons », « petits lits jumeaux ».

72

Tout y est « démodé », tout rappelle une époque plus heureuse, comme si le temps, ici, s'était tout à coup figé. La reine fait du reste éternellement les mêmes travaux d'aiguille.

Le drame d'Eurydice est celui qu'Antigone a refusé de vivre, celui d'un amour que le temps a détruit. Les lits jumeaux s'opposent, symboliquement, au tombeau commun d'Hémon et d'Antigone, et, d'ailleurs, Eurydice meurt seule. La mort, toujours représentée comme un sommeil (« Ils dorment tous », « Cela doit être bon de dormir »), est donc la seule manière de rejoindre la pureté de la jeunesse, de **se laver des compromissions de l'âge adulte**. Toute vie apparaît dès lors comme une tragédie : elle sépare les êtres que seule la mort unira.

L'incommunicabilité des êtres

On retrouve ici l'un des thèmes chers à l'auteur, celui de la solitude. Le fossé creusé par la vie entre le roi et la reine engendre **solitude et incompréhension**. Créon ne comprend pas ce que fait sa femme de ses tricots (« C'est drôle [...] ») et l'on sent bien que les sages préoccupations de celle-ci ennuient le cynique qu'il est devenu ; quand le Chœur lui dit « ta femme », il corrige : « une bonne femme ». C'est le Chœur et non Créon qui nous montre la vraie personnalité d'Eurydice : elle est calme — elle agit « sagement », « posément », « tranquillement » — mais non stupide.

L'incompréhension règne entre les individus, et même entre les plus intimes. Créon est réellement seul désormais, et le fidèle petit page qui l'accompagne ne pourra pas, lui non plus, briser cette solitude. Il ne peut répondre aux interrogations de Créon. Non par réelle ignorance, mais parce que le propre de l'enfance est justement de ne pas savoir, et surtout de ne pas savoir « qu'il faudrait ne jamais devenir grand ». Mais Créon, lui, le sait. Aussi renonce-t-il à discuter avec le page et se contente-t-il de lui demander de lui rappeler ses « devoirs ». Ce changement d'attitude se traduit, dans le texte, par un changement de pronom personnel : quand Créon tente de se confier à son page, il emploie le pronom « tu » (« Je vais te dire à toi »), mais lorsqu'il comprend qu'un dialogue véritable est impossible, il lui parle comme à l'enfant qu'il est en disant « nous » : « Eh bien, si nous avons conseil, petit, nous allons y aller. »

A ce moment-là, Créon a accepté sa solitude : « Tout seul, **oui**. » Et sa solitude est une torture d'autant plus grande que la vie continue. C'est la solitude de l'homme au pouvoir qui est le seul à comprendre les décisions qu'il doit prendre ; les autres « ne savent pas » : « Ils disent que c'est une sale besogne. » Tel est le lot de celui qui a le courage d'agir, seul face au regard des « autres » qui le jugent.

L'humanité au quotidien

C'est une certaine vision de l'existence — vision désabusée qui mécanise la vie, l'identifie à une **routine insensée** — qui apparaît ici. Ainsi la vie est-elle faite de journées qui se succèdent, semblables les unes aux autres, si bien que chaque existence, en elle-même, **pourrait être assimilable à une seule journée**. Les termes faisant référence au temps sont nombreux : « au lendemain de la première nuit », « un soir », « la journée » et « aujourd'hui à cinq heures ». De même, l'évocation de l'hiver (« Les pauvres de Thèbes auront froid cet hiver ») renvoie au cycle des saisons toujours recommencé, comme elle renvoie aux tristes jours d'une vieillesse solitaire, venue bien tôt pour Créon.

En effet, pour le roi, « la journée a été rude ». Cette expression ainsi que d'autres comme « l'ouvrage », « se croiser les bras », ou encore « sale besogne », assimilent Créon à un travailleur manuel. De même, les activités d'Eurydice sont manuelles et répétitives (les confitures, la broderie, sans doute, et « ses éternels tricots »). On ne peut pas ne pas penser à la tapisserie que la reine d'Ithaque, Pénélope, fait et défait dans sa chambre en attendant Ulysse. La vie est ainsi faite d'occupations répétitives et dénuées de sens, de devoirs quotidiens qui comblent **artificiellement** le vide de l'existence. « Qu'est-ce que nous avons aujourd'hui à cinq heures ? » : le conseil auquel devra assister Créon lui permettra de continuer à vivre cette vie absurde sans avoir le temps d'en mesurer l'absurdité.

Cependant, il ne faudrait pas se méprendre sur le message de l'auteur. Ceux qui acceptent de se mentir et de vivre ainsi ne sont pas pour autant condamnables. Ce qui commande la vie, **c'est la nécessité de la perpétuer**, et certains sont **chargés** de cette tâche ingrate, **pour les « autres »**. Eurydice pourrait être le symbole d'une bourgeoisie hypocrite, qui se donne bonne conscience en faisant la charité aux pauvres. Pourtant, il n'en est rien : c'est une brave femme qui fait elle-même ses confitures, dont la chambre n'a rien de luxueux et sans qui les pauvres de Thèbes auront vraiment froid. Quant à Créon, il est, lui aussi, le contraire d'un égoïste. Il a pris la responsabilité d'assumer une tâche ingrate dont sans doute personne ne voudrait. La « sale besogne » de l'un et l'ouvrage modeste de l'autre ne doivent pas faire oublier la grandeur d'Eurydice face à la mort (« avec le même sourire, à peine un peu plus triste ») et la résignation courageuse et stoïque de son époux.

Cette scène, consacrée aux époux royaux — finalement proches à bien des égards —, a permis à Anouilh de faire le portrait d'**une humanité sacrifiée et qui se sacrifie,** avec ses défauts et ses qualités — qui sont ceux de l'humanité au quotidien.

PARTIE 19
(p. 122-123)

RESUME

Une dernière intervention du Chœur vient conclure sur la tragédie d'Antigone, son engrenage et ses victimes, sur la vie qui continue tristement et sur Créon qui reste là, à attendre la mort. Tandis que le Chœur parle, les gardes s'installent, comme au tout début de la pièce, et se mettent à jouer aux cartes, une bouteille de vin près d'eux. Comme le dit le Chœur, ils sont anonymes, indifférents et vulgaires : ils symbolisent cette vie qui, quoi qu'il arrive, continue.

COMMENTAIRE

Le dénouement tragique

Il est résumé dans une courte tirade du Chœur qui est, en quelque sorte, le pendant de celle du Prologue au tout début de la pièce.

Antigone est celle qui a « dérangé » l'ordre établi : sa mort va permettre que tout rentre maintenant dans l'ordre. La tragédie est ce moment où la nécessité de l'accomplissement du devoir est vécue de façon presque maladive : le texte parle de la « fièvre » d'Antigone. Être un héros, c'est satisfaire sa passion jusqu'au bout, voire jusqu'à la folie. Le « jusqu'au-boutisme » de l'héroïne ne peut que la conduire à la mort.

Mais cette **fatalité tragique** n'épargne personne. Tous sont atteints, « ceux qui croyaient une chose, et puis ceux qui croyaient le contraire » — en fait tous les proches d'Antigone qui, de ce fait, se sont trouvés pris dans l'engrenage, « pris dans l'histoire sans rien y comprendre ». Ils sont tous égaux devant la mort (« pareils », « tous »). Cet « enchaînement » de morts, qui est le propre de la tragédie, est représenté ici comme une danse macabre médiévale.

Une fois disparus les acteurs principaux du drame, **la tension tragique retombe**. La tragédie correspond en effet à un moment de heurt aussi bref qu'il est violent. Le dénouement a lieu lorsqu'il n'y a plus d'affrontement. La « tranquillité » est désormais de retour. La tragédie a « purgé » une situation conflictuelle : Antigone est « calmée », Thè-

76

bes « apaisée » et le palais « vide ». Mais ce retour à l'ordre et à la
lité est « un apaisement triste ». « Il ne reste plus que les garde
qui est une perspective bien peu exaltante…

Une partie de cartes symbolique

La **formulation restrictive** « il ne reste plus que les gardes » est de
toute évidence **péjorative**. On est en effet passé **de la démesure tragique à la banalité vulgaire**. La tragédie intéresse peu de monde : elle
est élitiste. Elle ne touche pas ces gardes, qui boivent du gros rouge
et jouent aux cartes, et à propos desquels le Chœur change tout à coup
de registre : « Cela leur est égal ; c'est pas leurs oignons. » Dans le
tableau décrit, qui ressemble fort aux *Joueurs de cartes*, de Cézanne,
ce qui frappe le plus, c'est l'anonymat et l'indifférence des joueurs que
le rideau qui s'abaisse ne paraît pas troubler.

Or, il semble bien que le « pauvre » bonheur proposé par Créon soit
représenté par eux. Ils restent en définitive **seuls maîtres de la scène
de la vie**, ils « continuent » malgré tout. La vie serait donc ce jeu que
l'on est contraint de jouer, ce divertissement qui, comme l'ivresse,
empêche de trop réfléchir. La vie quotidienne serait, par conséquent,
faite d'illusions.

Pourtant, ces gardes qui continuent à jouer malgré la mort des principaux personnages font réapparaître la **métaphore évangélique**.
Comme les soldats du gouverneur tirant au sort la tunique du Christ
au pied de la croix, ils sont là pour montrer notre responsabilité, notre
culpabilité latente.

L'éternel retour

Contrairement à ce que l'on pourrait croire, il n'y a pas de leçon
d'*Antigone*. Anouilh ne fait pas de son héroïne un modèle à suivre —
ou à ne pas suivre. Ce qui domine, c'est l'inutilité de la tragédie : d'une
part, parce que le monde des gardes semble être finalement victorieux,
d'autre part parce que les héros morts risquent l'oubli (« ceux qui vivent
encore vont commencer tout doucement à les oublier et à confondre
leurs noms »). Dans cet anéantissement total, la soif de pureté d'Antigone semble bien illusoire. Aussi la pièce apparaît-elle fort pessimiste,
et ce n'est certainement pas un hasard si elle se termine sur une phrase
inachevée, sur des points de suspension : « Ils continuent à jouer aux
cartes… ».

Il n'y a pas de fin à *Antigone* : l'image finale est d'ailleurs la même qu'au début de la pièce. **Tout peut donc recommencer**. Tout comme la pièce aura d'autres représentations. Mais cela signifie aussi — et c'est ce qui tempère le pessimisme de la pièce — que, de même qu'il y aura d'autres guerres et d'autres pouvoirs tyranniques, il y aura aussi d'autres Antigones. Et tant que le monde durera, le flambeau de la révolte continuera d'être brandi par de jeunes cœurs, purs et exigeants.

Synthèse littéraire

SIGNIFICATION D'*ANTIGONE*

Tragique et absurde

Dans la tragédie, tout est joué d'avance : le héros est, dès le début, pris au piège de son propre destin. Mais la tragédie est aussi une tentative pour échapper à cette fatalité, comme si le héros s'imaginait pouvoir abandonner sa passion, ou la vivre sans obstacles, en bref, comme s'il croyait à un possible retournement de situation.

Pour Antigone, l'alternative est simple : vivre ou mourir. Pourtant, il ne semble pas y avoir, chez l'héroïne, de véritable lutte pour la vie. Toute la première partie de la pièce la montre, à l'inverse, résolue à renoncer : à sa famille, à Douce, sa chienne, à son fiancé et au petit garçon qu'elle aurait pu avoir. En fait, Antigone n'a guère le choix : fille d'Œdipe, la mort lui est familière et elle connaît intimement la puissance de la fatalité. De plus, la vie la dégoûte. Elle n'y voit qu'un avilissement qui la guette, qu'un bonheur qui l'écœure, qu'un « devoir » que l'on ne peut accomplir qu'amer et désabusé. Cette vie-là n'est donc, en somme, qu'une mort plus lente, plus laide, aussi, et peut-être encore plus difficile que la mort qu'elle a choisie. Nous sommes loin, de ce fait, de l'image habituelle du héros tragique qui se débat en vain — symbole de l'existence humaine — et avec qui le spectateur compatit, autant qu'il l'admire ou le plaint.

Mais la conception de la tragédie qui nous est présentée ici est plus noire encore. S'il n'y a, au fond, pas de choix à faire, ni de dilemme réel, c'est parce que tout est absurde et vain, parce qu'il n'y a pas d'issue et que les valeurs elles-mêmes n'ont plus de sens, parce que le monde médiocre qui est le nôtre est un monde privé de signification.

Aussi la pièce apparaît-elle, du début à la fin, comme un impossible dialogue, où l'incompréhension règne en permanence entre les différents personnages. Et Antigone elle-même ne peut être une héroïne bien satisfaisante, puisqu'elle meurt non par respect du culte des morts, mais pour « rien ». Elle n'est ni un modèle à suivre ni la détentrice d'un message : elle reflète **l'écroulement de toutes les certitudes.**

Le ton de la pièce est en effet celui de l'amertume et de la lassitude. Il n'y a pas de leçon : toute leçon est inutile puisque les guerres se répètent et les tyrannies se succèdent. L'humanité ne change pas, elle n'évolue pas : telle est l'absurdité de son histoire, telle est aussi la tragédie des hommes. C'est ce que montre la reprise d'un mythe — et la réécriture d'une tragédie antique — dont la philosophie reste d'actualité.

Dès lors, si message il y a, c'est celui de la **primauté de l'absurde.** Le mot apparaît, du reste, à de nombreuses reprises et Antigone l'emploiera elle-même (p. 73) lorsqu'elle admettra que son geste n'a désormais de sens que pour elle. L'absurdité des activités ou occupations des différents personnages est fréquemment soulignée (leurs « vacations sont farcesques » aurait dit Montaigne) : certains jouent aux cartes, la reine tricote, Ismène et Hémon, dans le Prologue, bavardent et rient. Leurs actes semblent gratuits : Antigone ne sait plus pourquoi elle meurt ; Créon doit aller au conseil, alors que les siens viennent de mourir ; Ismène, plutôt timorée jusqu'alors, apparaît soudainement armée de courage ; enfin, les conversations des gardes sont grotesques, déplacées, et n'ont aucune utilité pour le déroulement de l'action.

Cette **gratuité,** si l'on en juge d'après ce que nous dit le Chœur (p. 55), porte-parole de l'auteur, est au cœur même de la tragédie. Dans le drame, on se débat, on espère pouvoir s'en sortir, on fait ce que l'on juge « utile », parce qu'une fin heureuse paraît toujours possible. Mais ces efforts, vulgaires, bas et mesquins, ne sont que les ultimes soubresauts d'êtres qui croient encore à la vie et à de fausses valeurs comme la loi ou le règlement. La tragédie, elle, est noble, pure et désinvolte, et ses héros sont des princes et des rois. Antigone la désintéressée, Créon le cynique, voilà bien de véritables héros tragiques qui, chacun à leur manière, représentent la mort de cette « illusion existentielle » que nourrit le drame.

Pourtant, s'il fait ici l'apologie de la tragédie, Anouilh ne s'éloigne pas moins des règles du genre. Point ici de transcendance — dieux ou religion des morts — ni de valeurs comme le devoir, la patrie ou la liberté. Antigone ne fait pas de choix héroïque, elle agit d'instinct, pour elle-même, « pour rien ». Plus encore qu'à une tragédie, c'est à un « drame de la condition humaine » (R. Laubreaux) que nous assistons.

Toutefois, si l'on a souvent reproché à Anouilh de se contenter — avec un talent confirmé et une virtuosité parfois inquiétante — de démasquer la médiocrité de l'existence et d'étaler aux yeux du public l'absurdité du monde, la réalité de cet accent cruel ne doit pas faire oublier la **richesse symbolique** d'une œuvre comme *Antigone*. Il n'y a notamment pas, comme on l'a souvent prétendu, négation de toute référence religieuse. La « plaie au côté » que l'humanité portera pendant des siècles (p. 100), le fait qu'un représentant de l'autorité tente, tel Ponce Pilate, de sauver le « coupable » dont la foule réclame la mort, un tombeau, fermé par des blocs de pierre, puis rouvert, ou encore le doute de l'héroïne dans les derniers instants et l'attitude des gardes après l'exécution capitale, sont autant d'indices qu'une lecture attentive et minutieuse de la pièce permet de déceler, et qui autorisent une interprétation chrétienne du mythe, aussi surprenante soit-elle, qui ferait d'Antigone une martyre proche de Jeanne d'Arc, héroïne de *L'Alouette*.

La virtuosité au service de la dénonciation

Tous les personnages de la pièce apparaissent comme des symboles : Antigone représente la passion de l'absolu et la révolte d'une jeunesse pure et exigeante, qui refuse tout compromis ; Créon est l'image même de l'homme public, sceptique et désabusé ; Ismène est l'archétype de la femme belle et frivole ; Eurydice est la caricature de l'épouse et de la mère ; Hémon symbolise l'adolescence.

Mais, même s'il s'agit de caractères bien définis, ces personnages ne prennent de sens et d'épaisseur que les uns par rapport aux autres : l'exemple d'Hémon, qui ne se révèle véritablement que dans son conflit avec Créon, en est sans doute la meilleure illustration. En fait, ils représentent avant tout des étapes de l'existence, des âges de la vie : le petit page est un enfant et Antigone une toute jeune fille, Hémon un adolescent et Créon un homme mûr, Ismène une très jeune fille et Eurydice, ce que celle-ci deviendra plus tard.

Cet **art du contraste** se retrouve dans la structure même du texte, dans l'organisation de ce que nous avons considéré comme les différentes scènes de la pièce. Le but est alors de mettre en valeur un face-à-face, qui peut être l'affrontement de deux idéologies comme un véritable dialogue de sourds, mettant en évidence l'incommunicabilité et la solitude des êtres.

Mais ces scènes ne sont pas toutes le lieu d'un affrontement, ou de la mise en présence de deux mondes : il y a aussi celles où le Chœur intervient. Comme le Messager, le Chœur est exclu de l'action elle-même, mais son rôle est essentiel. Ses interventions marquent le passage d'un lieu à un autre (des appartements d'Antigone à une salle publique du palais) ou d'une période à une autre (avant et après l'exécution capitale). Elles sont donc là pour guider le public, en soulignant les moments importants de la tragédie, ou encore pour faire entendre le message de l'auteur.

L'absence de découpage de la pièce en scènes et en actes, tout comme la présence d'un prologue et d'un Chœur, sont des données que l'on trouve déjà chez Sophocle et dont la reprise, ici, montre l'**attachement d'Anouilh à la tragédie grecque**. Si, dans cette dernière, le Chœur est composé de plusieurs choreutes, il n'en comporte pas moins un personnage chargé de les diriger et d'interpréter l'action, le Coryphée, dont le Chœur d'*Antigone* est l'héritier. Aussi l'apparente liberté de composition que l'on constate ici est-elle plutôt inspirée par le respect du genre. D'autant qu'Anouilh a également respecté le déroulement de l'action de la pièce antique, même s'il a créé un personnage nouveau, la nourrice, ajouté l'épisode, inexistant chez Sophocle, de la rencontre entre Antigone et Hémon, et donné une plus grande importance aux gardes.

Il est d'ailleurs intéressant d'analyser l'utilisation, ici, de personnages comme les gardes ou comme la nourrice. On est bien loin, manifestement, de cette noblesse caractéristique de la tragédie et bien près, par contre, de l'opérette ou du théâtre de boulevard : les gardes semblent sortir tout droit d'un **mélodrame**, tandis que la nourrice tient le rôle de la traditionnelle servante. Leur langage est un **langage populaire**, très coloré et très réaliste, presque toujours grammaticalement incorrect, où les expressions familières, voire grossières, abondent.

Cette langue pittoresque ne peut que susciter le rire, que créer un effet de comique assuré. Ainsi malmené et ridiculisé, le tragique est, en quelque sorte, dénaturé : l'art du contraste est mis au service d'une leçon toujours aussi grinçante, puisque le mélange des genres ne signifie jamais autre chose, ici, que la victoire de l'absurde.

Un duel symbolique

Antigone apparaît, à l'évidence, comme un personnage complexe, ambigu, et qui évolue tout au long de la pièce. D'après la jeune fille qu'elle est devenue, on devine l'enfant qu'elle a été, et qu'elle reste encore à bien des égards : têtue, capricieuse et obstinée, mais aussi sensible, tendre et fragile. Même si son courage et sa détermination sont ceux d'une adulte — « encore un peu petite pour tout cela » — elle a gardé de l'enfance la pureté, et surtout le sérieux. Si elle se dirige obstinément vers la mort, elle n'en aime pas moins passionnément la vie, mais pas cette vie médiocre et dégradante qu'elle méprise, et qu'elle repousse comme un fruit gâté. Elle est avant tout une rebelle et une révoltée, celle qui ne veut ni réfléchir ni comprendre, celle qui refuse le compromis, celle qui dit non.

Elle est bien éloignée, certes, de l'Antigone de Sophocle, fière, digne et attentive à la voix des dieux. Mais c'est une Antigone moderne, plus humaine, sans doute, et plus proche de nous.

On notera que plusieurs autres héroïnes d'Anouilh semblent avoir préparé le personnage d'Antigone — à tel point que la jeune fille révoltée a pu apparaître, pour certains, comme une figure majeure de son théâtre. De fait, Antigone ressemble beaucoup à la Thérèse de *La Sauvage*, ainsi qu'à *Eurydice*, ou encore à Jeannette, de *Roméo et Jeannette*. On peut également penser à *L'Alouette*, dont l'héroïne (Jeanne d'Arc) s'insurge, comme Antigone, contre la loi des hommes et choisit la mort.

Créon, lui non plus, ne ressemble guère à son modèle grec. Il n'est plus ce tyran inflexible que met hors de lui la prétention d'une femme à faire la loi à sa place. Il est autoritaire, certes, mais cette autorité est celle d'un homme de pouvoir qui exerce son métier non par conviction, mais parce qu'il le faut. Amer et sans illusions, il est tel l'ouvrier qui, par honnêteté, n'a pas voulu refuser l'ouvrage, qui, lui, a dit oui et dont la seule croyance est, comme Anouilh le fera dire à un autre de ses personnages, Beckett, qu'« il faut seulement faire — absurdement — ce dont on a été chargé jusqu'au bout ». De plus, il a une réelle affection pour sa nièce et s'efforcera véritablement de la sauver, pour lui éviter la mort.

Aussi sommes-nous en présence de **deux personnages sans illusions** qui, l'un et l'autre, poursuivent avec obstination la voie qu'ils ont choisie, mais sans foi ni ferveur, et dont les propos et les attitudes ne semblent portés par rien d'autre que par leur propre élan, comme emportés par le tourbillon dérisoire d'une machine qui tourne à vide. Aucun des deux protagonistes n'apparaît comme un modèle, de même qu'il n'y a pas davantage de victime ni de bourreau. Créon et Antigone sont tous deux les victimes d'un monde absurde : s'il est vain de continuer à vivre — lorsque l'existence est synonyme de dégradation —, il est aussi vain de mourir, puisque l'on meurt pour rien.

L'un et l'autre ont choisi d'agir, mais ce choix équivaut à un sacrifice : abandonner ceux qu'elle aime, pour Antigone, renoncer à une vie d'esthète, pour Créon. Car c'est au prix de ce sacrifice, de ce renoncement, de cette mort, que se survivre est possible. La morale de l'histoire, s'il en existe une, est donc une morale bien peu rayonnante, puisque tout est égal sur le théâtre du monde, où le sort des héros n'est guère moins absurde, en définitive, que celui des pantins et fantoches qui s'agitent autour d'eux.

On comprend que la pièce d'Anouilh, conçue dans l'année la plus noire de l'Occupation, et représentée dans les derniers mois, ait connu alors un vif succès et suscité également des réactions passionnées. Nombreux sont ceux qui ont vu dans le monde des gardes une image de l'armée d'occupation et, dans le duel Antigone-Créon, l'affrontement entre la pureté et la raison d'État, entre le camp de la Résistance et celui de la collaboration. Certains ont cru à une apologie manifeste de l'esprit de révolte et d'intransigeance incarné par Antigone, d'autres, au contraire, à la défense du gouvernement de Vichy (« Il faut bien qu'il y en ait qui mènent la barque »).

Or, la vérité de cette pièce est très probablement au-delà de cette alternative simpliste et de ces interprétations restrictives. Le message d'Anouilh est beaucoup plus ambigu et la radicalité de son pessimisme dépasse largement le cadre d'une situation historique précise. Dans *Antigone*, personne n'a raison, personne ne triomphe et, du reste, personne ne comprend personne. C'est un constat d'échec, ironique et grinçant, et de totale impuissance, qui ne laisse aux hommes qu'une seule arme : leur lucidité.

LES LIEUX DE L'ACTION

Lieux représentés sur scène	Lieux évoqués dans le récit
• *Le théâtre* → La scène (Prologue)	• La campagne à l'aube (l'endroit où le cadavre de Polynice a été abandonné : un lieu gardé)
• *La réalité* → Les appartements (vie privée) d'Antigone	
• *La réalité* → Le palais (vie publique)	• Lieu non précisé (un « trou » ; le tombeau d'Antigone : un lieu fermé)

Alors que les lieux représentés **sur scène** correspondent à la **vie**, ceux qui sont évoqués **dans le récit** sont des lieux de **mort**.

Ces derniers sont essentiels : lieux de la mort — d'où l'on part et où l'on aboutit —, ils encadrent l'action et lui donnent son sens, marquant ainsi, symboliquement, l'absence d'issue.

LE TEMPS DANS *ANTIGONE*

L'unité de temps

Force est de constater que la narration des faits ne respecte pas une chronologie rigoureuse. Nous connaissons l'édit de Créon par la conversation entre les deux sœurs, alors qu'Antigone, en réalité, l'a déjà enfreint ; nous ne savons pas précisément combien de temps s'est écoulé entre le moment du délit et celui où Créon en prend connaissance, mais nous savons, en revanche, qu'entre ces derniers instants et la scène suivante (l'arrestation) Antigone a eu le temps de retourner au lieu où se trouve le cadavre ; enfin, entre le moment où les gardes viennent la chercher et celui où le Messager fait le récit de sa mort, fort peu de temps a passé pour le spectateur.

Le théâtre, art de l'illusion, ne cherche pas la vérité mais la vraisemblance : resserrer ainsi le temps de l'action autour de quelques moments clés crée une plus grande intensité dramatique.

Toutefois, ces quelques moments forment **une seule journée,** d'environ douze heures, de l'aube à cinq heures du soir (heure du conseil auquel doit assister Créon). Ce tour d'horloge a valeur de symbole : il fait de la tragédie une machine infernale, une sorte de cercle vicieux auquel on ne peut échapper.

La structure de la pièce

Respectant en cela la structure de la pièce grecque, Anouilh n'a indiqué aucune division dans son œuvre.

On peut toutefois distinguer trois grandes phases, non en fonction d'un changement de décor, mais selon que se trouve au centre de l'action l'un ou l'autre des protagonistes.

Dans un premier temps — si l'on met à part la longue tirade du Prologue —, Antigone est montrée dans son univers quotidien : elle en finit avec son passé. Dans un deuxième temps, elle s'oppose au pouvoir (Créon, les gardes), et dans un troisième temps, le destin s'abat sur Créon.

I - Antigone et les siens

1) Antigone et sa nourrice :
Cette scène se situe juste après qu'Antigone a enfreint la loi de Créon, **à l'aube.**

2) Antigone et Ismène :
Les deux sœurs se réfèrent constamment à une discussion **de la veille.**

3) Antigone et sa nourrice :
Elles évoquent l'enfance de la jeune fille (**passé lointain**)

4) Antigone et Hémon :
Ils s'expliquent sur ce qui les a opposés **la veille** et Antigone nie l'existence possible d'un **avenir** commun.

5) Antigone et Ismène :
Antigone révèle à sa sœur que le délit **a** déjà **eu lieu**.

Dans toutes ces scènes, le passé, plus ou moins proche, est le temps auquel il est fait référence, le présent est le temps de l'angoisse, et le futur est celui de la mort qui, sans être clairement évoquée, est déjà présente.

Ces scènes forment, à elles toutes, une composition dont le schéma ci-dessous fait ressortir la symétrie.

Moments évoqués

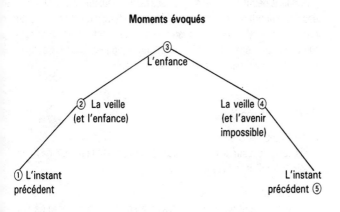

II - Antigone et le pouvoir

1) Créon et le garde Jonas :
Ce dernier tente de rendre compte de ce qui s'est passé le **matin**.

2) Le Chœur :
Tirade **sans caractérisation temporelle** qui marque un moment de rupture et de crise. Le mécanisme tragique s'accélère (« Et voilà. Maintenant, le ressort est bandé. Cela n'a plus qu'à se dérouler tout seul »).

3) Antigone et les gardes :
   Ceux-ci évoquent le second délit qui a eu lieu **à midi**, puis **projettent** de fêter leur succès.

4) Antigone, Créon et les gardes :
   Ils se réfèrent encore au second délit (**passé**).

5) Antigone et Créon :
   Entre le **passé** « sordide » des frères d'Antigone et l'**avenir** possible de celle-ci avec Hémon se situe le point culminant de la tragédie, où les deux personnages se heurtent (**au présent**).

6) Antigone, Ismène, Créon :
   Ismène veut accompagner sa sœur dans la mort (« **j'irai** [...] avec toi ») et Créon décide de la mort (**future**) d'Antigone.

Depuis le début de la pièce, quelques heures seulement se sont écoulées. Il y a pourtant un blanc dans l'emploi du temps de l'héroïne, entre le moment où elle annonce à Ismène qu'elle a enfreint la loi et celui où nous apprenons qu'elle a recommencé « en plein jour ». Cet intervalle est comblé par l'intervention du Chœur.

III - Créon et son destin

1) Le Chœur et Créon :
   Ils concluent sur ce qui s'est **passé** et évoquent la fatalité de l'**avenir** (« Il fallait qu'elle meure »).

2) Le Chœur, Créon et Hémon :
   L'affrontement du père et du fils correspond à un moment de rupture : le **passage** à l'âge adulte.

3) Le chœur et Créon :
   Ils concluent sur ce premier acte du destin.

4) Le Chœur, Créon, les gardes, Antigone :
   Action rapide, au **présent**.

5) Antigone et le garde :
   Ils évoquent l'angoisse du **présent** et la peine que **va devoir subir** Antigone.

6) Le Chœur et le Messager :
   Celui-ci rapporte ce qui s'est **passé** lors de l'exécution capitale.

7) Le Chœur, Créon et le page :
   Récapitulatif : **passé, présent, futur**. Il est cinq heures.

8) Le Chœur (et les gardes) :
   Conclusion sur le **passé** et évocation du **présent** et du **futur**, soit la vie qui continue.

C'est entre l'épisode 5 et l'épisode 6 que se trouve le deuxième chaînon manquant du point de vue de la chronologie : il s'agit de la mort d'Antigone (et d'Hémon) qui, conformément aux règles de la tragédie classique, n'est pas montrée sur scène.

La symbolique du temps

Un élément lié au temps a, dans cette pièce, une haute valeur symbolique : **le soleil**. Les références qui y sont faites sont nombreuses.

Positivement, il renvoie à l'été : « Il ne fait pas froid, je t'assure ; c'est déjà l'été » (Antigone, p. 21).

Mais la valeur de ce symbole est le plus souvent négative : Antigone jure à Hémon qu'elle aurait protégé leur petit garçon de « l'angoisse du plein soleil immobile ». D'autre part, c'est le soleil qui accélère la décomposition du cadavre de Polynice et rend sa présence insupportable, même à Créon. Enfin, c'est « en plein soleil » qu'Antigone doit être emmurée. Le soleil est donc celui du plein midi, le plus destructeur, celui qui frappe comme le destin, qui est écrasant comme la fatalité.

Midi est le moment culminant de la journée, de même que l'été est la saison de la maturité et que la tragédie est le point d'orgue d'une existence héroïque. Or, on sait qu'Antigone n'est heureuse que lorsque tout est « gris » et que le monde est encore « sans couleurs », et qu'elle ne peut se résoudre à quitter l'enfance, qui est l'aube de la vie, ni la jeunesse, qui en est le printemps, pour une maturité qui ne signifie, à ses yeux, que mort lente et dégradation.

On peut penser ici au soleil, si symbolique lui aussi, d'une autre œuvre contemporaine d'*Antigone* : *L'Étranger*, de Camus (1942).

Les anachronismes

La volonté de choquer a conduit Anouilh, à la suite de Giraudoux, à exploiter l'anachronisme*.

Tout d'abord dans le texte lui-même. Si l'on considère que l'action est censée se passer à Thèbes, dans la Grèce antique, on ne peut qu'être surpris par la présence du « café » que la nourrice apporte à Antigone, du « tricot » d'Eurydice, de la « cigarette » qu'avait allumée Polynice, etc.

D'autre part, dans la représentation théâtrale de l'œuvre. Mise en scène par André Barsacq, la pièce fut jouée pour la première fois en 1944, par des acteurs en costume de soirée : « Le roi et tous les membres de la famille royale portaient le frac, Antigone et sa sœur Ismène de longues robes noires et blanches, et les gardes le smoking, sur lequel ils avaient passé un ciré de couleur noire » (A. Barsacq). L'objectif était de donner ainsi au spectacle une unité et une certaine majesté, et de souligner, par ces costumes semblables à des uniformes, d'une part l'allusion à un État policier, d'autre part la banalité et la monotonie de l'existence.

Outre un caractère provocateur, la présence de ces anachronismes a une triple signification : tout d'abord, montrer que les héros mythiques sont de tous les temps, ensuite, par cette modernisation du mythe, créer une certaine complicité avec le spectateur d'aujourd'hui, enfin — et c'est l'essentiel —, renforcer ce qui constitue le message même de l'œuvre : le triomphe de l'absurde.

SOPHOCLE ET ANOUILH : COMPARAISON DES DEUX PIÈCES

L'*Antigone* de Sophocle

De l'œuvre abondante de Sophocle (plus de cent vingt pièces, semble-t-il), il ne nous reste que sept tragédies, dont *Antigone*, que l'on date de 441-442 avant J.-C.

C'est cette *Antigone*, « lue et relue et que je connaissais depuis toujours », qu'Anouilh a décidé de réécrire, à sa façon, sous la forme d'une tragédie moderne qui, si elle reste parfois fidèle au modèle, est avant tout une création originale de l'auteur.

Des ressemblances

Dans les deux pièces, l'histoire est la même : Antigone, en dépit de l'interdiction de Créon, a rendu les honneurs funèbres à son frère Polynice. Cette désobéissance lui vaudra la mort.

Il en est de même pour la structure de la pièce pour laquelle, nous l'avons vu, Anouilh a maintenu l'absence de divisions en actes et en scènes caractéristique de la tragédie grecque.

D'autre part, le déroulement de l'action et son dénouement sont également semblables dans les deux pièces, et les principaux personnages — même si leur signification est ici totalement différente — ont été conservés.

Enfin, on retrouve chez Anouilh certaines expressions directement empruntées à Sophocle, telle l'ultime invocation d'Antigone « Ô tombeau, chambre nuptiale, demeure souterraine », dont la beauté suffit à elle seule à justifier cette reprise.

L'originalité d'Anouilh

1) Les personnages

Si l'on retrouve dans l'œuvre d'Anouilh la plupart des personnages créés par Sophocle, il faut toutefois noter quelques différences : Anouilh a supprimé le personnage de Tirésias, vieux devin aveugle qui, dans la tragédie grecque, représentait la voix des dieux. De fait, ce personnage n'aurait guère eu de sens dans une tragédie moderne où la religion est niée et le mythe désacralisé. Il n'est pas impossible, par contre, de voir dans le petit page une survivance de l'enfant qui, traditionnellement, guidait le vieux prêtre.

En revanche, un personnage nouveau a été créé, la nourrice, ainsi que deux gardes supplémentaires, afin de souligner, manifestement, la solitude extrême d'Antigone.

2) Le style

Alors que l'*Antigone* de Sophocle, écrite en vers, se caractérise par la noblesse du style, la pièce de Jean Anouilh, écrite en prose, est une œuvre dont le langage est simple, usuel, et le ton familier sinon vulgaire. Cette différence est logique : autant la pièce grecque donnait à voir des héros portés par des sentiments nobles et grands, autant l'œuvre moderne met en scène des personnages qui non seulement sont de notre temps, et parlent notre langage, mais aussi — même si Antigone représente elle aussi la passion de l'absolu — sont de bien faible envergure au regard de leurs modèles grecs.

3) La signification de l'œuvre

Mais c'est dans la signification du face-à-face symbolique entre Antigone et Créon que se situe la différence majeure entre les deux œuvres. L'opposition entre la loi des hommes et la loi des dieux est devenue opposition entre la Raison d'État et la Rébellion. Ce qui était, chez Sophocle, un conflit entre le plan humain — l'orgueil des hommes, leur démesure — et le plan divin n'est ici que l'affrontement de deux êtres désabusés. L'Antigone grecque se sacrifiait pour la justice, celle d'Anouilh « ne sait plus pourquoi elle meurt ». Et tandis que le Chœur antique concluait sur un éloge de la sagesse, celui de notre *Antigone* nous laisse en compagnie des représentants de l'humanité la plus médiocre qui soit : les gardes.

DU MYTHE À L'ACTUALITÉ

L'inspiration mythologique, que l'on voit à l'œuvre dans *Antigone*, est une donnée fondamentale du théâtre français de la première moitié du XXᵉ siècle et, en particulier, de l'entre-deux-guerres. Ce recours au mythe, ou à la légende, est le plus souvent un retour à l'antique. Il semble avoir été introduit par Cocteau, dont *Orphée*, qui paraît en 1927, ouvre la voie à une succession de pièces qui feront renaître des figures mythiques telles que, en particulier, Œdipe, Électre, Thésée ou Médée.

Animés par la volonté de faire réfléchir le public sur la folie des hommes et l'absurdité des guerres, et par le souci de dire les choses autrement, avec force mais avec distance, les dramaturges de cette période ont trouvé dans les mythes et les légendes un très riche fonds à exploiter. Dans l'atmosphère d'inquiétude des années trente, où le monde apparaît de plus en plus plongé dans l'absurdité et dans la détresse, le mythe, désacralisé et réactualisé, véhicule des interrogations brûlantes. Il est à lire comme une parabole historique, le héros antique, prisonnier de son destin, faisant tristement écho à l'individu du XXᵉ siècle, menacé par la guerre et la montée des périls : c'est la même escalade qui conduit à la guerre de Troie (J. Giraudoux, *La guerre de Troie n'aura pas lieu*) et à la Deuxième Guerre mondiale, tout comme l'insoumission de la fière « petite » Antigone est à rapprocher de celle qui est au cœur du combat de la Résistance. Il faut faire ainsi réfléchir les hommes sur l'histoire — une histoire qui est alors, comme le disait Joyce, « un long cauchemar dont j'essaie de me réveiller ».

Tel est le rôle de la reprise du mythe, qui exprime le mal du siècle et met en scène, à travers la fable, la double affirmation de l'humanisme et du destin.

Repères

1927 Cocteau, *Orphée*
1928 Cocteau, *Antigone*
1929 Giraudoux, *Amphitryon 38*
1932 Gide, *Œdipe*
1934 Cocteau, *La Machine infernale*
1935 Giraudoux, *La guerre de Troie n'aura pas lieu*
1937 Giraudoux, *Électre*
       Cocteau, *Œdipe roi*
1943 Sartre, *Les Mouches*
1944 Anouilh, *Antigone*
1946 Gide, *Thésée*
       Anouilh, *Médée*

Lexique

Action : déroulement d'événements qui forment la trame de la fiction théâtrale.

Anachronisme : confusion de dates ; mal situer dans le temps un événement ou un fait social.

Asyndète : absence de liaison (par une conjonction, etc.) entre deux termes, ou deux propositions, ayant un rapport étroit.

Autocratique : qui appartient à l'autocratie, c'est-à-dire à une forme de gouvernement où le souverain exerce lui-même une autorité sans limite.

Caricature : description comique ou satirique, par l'accentuation de certains traits déplaisants ou ridicules.

Champ lexical : groupes de mots ayant même racine (et désignant par extension la même réalité).

Chœur : dans le théâtre antique, groupe de personnes qui chantaient, généralement en dansant, des vers lyriques destinés à présenter ou à commenter l'action.

Didascalies (du grec *didaskalia*, enseignement) : chez les Grecs, instructions du poète dramatique à ses interprètes ; indications concernant l'époque et les décors, les costumes, les objets, les gestes de l'acteur, les intonations de sa voix et parfois les éclairages et l'illustration sonore.

Distanciation : attitude qui consiste à « prendre des distances » avec son personnage ou avec l'action.

Drame : du mot grec signifiant « action ». Genre dramatique moins noble que la tragédie, où le pathétique et le sublime côtoient le familier et le grotesque ; pièce dont le sujet est dramatique ; par extension, événement tragique.

Exposition : présentation, dans une œuvre dramatique, des circonstances et des principaux personnages de l'action, ainsi que des faits qui ont préparé cette action.

Mythe : récit légendaire traditionnel qui tente d'expliquer des phénomènes naturels et humains par les exploits d'êtres fabuleux ; fiction admise comme porteuse d'une vérité symbolique.

Ontologique : qui concerne l'être en tant que tel, indépendamment de ses déterminations particulières.

Sphinx : monstre fabuleux, lion ailé à buste et tête de femme, qui soumet une énigme aux voyageurs et les dévore s'ils ne peuvent la résoudre ; personnage impénétrable.

Tragédie : œuvre dramatique en vers qui représente des personnages héroïques dans des situations de conflit exceptionnelles pour susciter l'admiration ou la pitié ; par extension, événement funeste.

Tutélaire : Protecteur (quand on parle d'une divinité).

Quelques citations

La suprématie de la tragédie

LE CHŒUR : « Et puis, surtout, c'est reposant, la tragédie, parce qu'on sait qu'il n'y a plus d'espoir, le sale espoir [...]. Dans le drame, on se débat parce qu'on espère en sortir. C'est ignoble, c'est utilitaire. Là, c'est gratuit. C'est pour les rois. Et il n'y a plus rien à tenter, enfin ! » (p. 54-55)

Vie et bonheur

CRÉON : « La vie n'est pas ce que tu crois. C'est une eau que les jeunes gens laissent couler sans le savoir, entre leurs doigts ouverts. Ferme tes mains, ferme tes mains, vite. Retiens-la. Tu verras, cela deviendra une petite chose dure et simple qu'on grignote, assis au soleil. » (p. 91)

CRÉON : « C'est facile de dire non, même si on doit mourir. Il n'y a qu'à ne pas bouger et attendre. [...] C'est trop lâche. » (p. 83)

ANTIGONE : « Quelles pauvretés faudra-t-il qu'[Antigone] fasse elle aussi, jour par jour, pour arracher avec ses dents son petit lambeau de bonheur ? Dites, à qui devra-t-elle mentir, à qui sourire, à qui se vendre ? » (p. 92)

La mort

LE GARDE : « ''Je ne sais plus pourquoi je meurs...'' On ne sait jamais pourquoi on meurt. » (p. 116)

LE CHŒUR : « Morts pareils, tous, bien raides, bien inutiles, bien pourris. Et ceux qui vivent encore vont commencer tout doucement à les oublier et à confondre leurs noms. » (p. 123)

L'humanité

ANTIGONE : « Ah ! vos têtes, vos pauvres têtes de candidats au bonheur ! C'est vous qui êtes laids, même les plus beaux. Vous avez tous quelque chose de laid au coin de l'œil ou de la bouche. [...] Vous avez des têtes de cuisiniers ! » (p. 96)

Incommunicabilité et solitude

ISMÈNE : « Et là il y aura les gardes avec leurs têtes d'imbéciles, congestionnées sur leurs cols raides, leurs grosses mains lavées, leur regard
de bœuf — qu'on sent qu'on pourra toujours crier, essayer de leur faire
comprendre [...] » (*p. 27*)

ANTIGONE : « Deux bêtes se serreraient l'une contre l'autre pour se
faire chaud. Je suis toute seule. » (*p. 112*)

Le pouvoir

CRÉON : « Il faut pourtant qu'il y en ait qui mènent la barque. »
(*p. 81*)

ANTIGONE : « Quel rêve, hein, pour un roi, des bêtes ! Ce serait si simple. » (*p. 83*)

HÉMON : « Père, la foule n'est rien. Tu es le maître. »

CRÉON : « Je suis le maître avant la loi. Plus après. » (*p. 102*)

Enfance et âge adulte

CRÉON : « C'est cela devenir un homme, voir le visage de son père
en face, un jour. » (*p. 105*)

CRÉON : « Tu es fou, petit. Il faudrait ne jamais devenir grand. »
(*p. 122*)

Jugements critiques

Dans *D'un jeune conformiste,* Anouilh admet avec une certaine amertume : « Mon nom est celui de l'homme le plus décrié au théâtre depuis dix ans. » De fait, la critique l'a souvent considéré comme un virtuose, certes, mais sans grande profondeur.

Les jugements que nous rapportons ici témoignent bien de la complexité et de l'ambiguïté de son œuvre qui, admirée ou rejetée, n'a jamais été accueillie avec indifférence.

SUR *ANTIGONE*

Lors de sa création, la tragédie d'Anouilh a surpris. Si elle a enflammé certains critiques, elle en a déçu d'autres. Plusieurs visions de l'héroïne s'affrontent.

Pour Robert Kemp : « Ce qui serait irréparable, c'est que la victoire des pragmatistes fît périr toutes les Antigones, toutes les âmes orgueilleuses et indépendantes. Elles ne savent pas vivre. Et ce sont elles qui méritent de vivre. » (*Le Monde,* 16 septembre 1946).

Pour Pol Gaillard, par contre, « la ''résistance'' d'Antigone, où certains ont voulu voir l'image de la nôtre, [...] ne prend jamais sa source dans une conscience lucide. [...] L'Antigone de Sophocle, qui se sacrifiait pour la justice et pour l'amour, est devenue une petite mystique sans intelligence qui, finalement, ''ne sait plus pourquoi elle meurt''. » (*La Pensée,* oct.-nov.-déc. 1944).

Le jugement du critique Gabriel Marcel va dans le même sens : « Le tragique ne me semble pouvoir subsister que là où certaines valeurs sont reconnues comme souverainement importantes ; or nous voyons ici s'effectuer sous nos yeux une sorte d'universelle dévaluation. L'acte par lequel Antigone décide de mourir est en effet vidé de tout contenu positif. » (*Nouvelles littéraires,* février 1949). Ou encore, dix ans plus tard, dans *L'Heure théâtrale* (1959) : « Cette matérialité de l'événement se réduit à un pur non-sens, si elle est détachée d'une certaine ambiance religieuse qui seule lui confère une signification. » Et le critique constate, avec beaucoup d'autres, « la carence religieuse presque absolue » d'Anouilh, dont il lui paraît naturel, du reste, qu'elle n'ait pas choqué ses contemporains : « Il faut ajouter, il est vrai, que l'immense succès obtenu par la pièce, au moins en France, trahit de la part des spectateurs une déficience spirituelle toute semblable. »

Enfin, pour Simone Fraisse, spécialiste du mythe d'Antigone, l'adhésion du public aux intentions de l'auteur a été l'objet d'un quiproquo : « Pour qui lisait entre les lignes, cette réhabilitation du roi de Thèbes justifiait Pétain et le régime de Vichy, encore en place en février 1944. Et pourtant les spectateurs n'eurent d'yeux que pour Antigone. Les intentions de l'auteur furent méconnues. C'est la Résistance qui fut applaudie, prouvant la force et la ténacité du mythe. » Mais son analyse ne s'arrête pas là. Antigone, la jeune fille pure et révoltée qui dit non, lui semble annoncer « le conflit des générations qui secouera l'Amérique et l'Europe dans les années soixante, quand les manifestants écriront sur leurs banderoles : ''Non à demain.'' » (*Dictionnaire des mythes littéraires*, 1988).

SUR L'ŒUVRE DE JEAN ANOUILH

Certains critiques, tel Gabriel Marcel, ont vu, au cœur de l'inspiration d'Anouilh, son propre vécu, dans sa profondeur, sa violence et sa complexité : « Théâtre obsessionnel, théâtre hanté : oui, ce sont bien là les mots qui conviennent à l'œuvre d'Anouilh, et qui en marquent à la fois la force et les limites. Il me paraît impossible de ne pas sentir à chaque instant que le tragique, dans ce théâtre, est enraciné dans une expérience vécue. » (*Op. cit.*)

Et selon Pol Vandromme, Anouilh, pour donner vie au sentiment tragique, « guettait [...] la minute de vérité et, au sein de cette minute, les quelques secondes qui tremblent d'un accent insoutenable ». (*Un auteur et ses personnages*, 1965).

Mais d'autres n'ont vu dans les personnages d'Anouilh que des marionnettes, se rapprochant des types de la Commedia dell'arte. Pour Philippe Jolivet, ces personnages sont davantage — pour reprendre l'opposition bergsonienne — du côté du mécanique que de celui du vivant. Ils n'évoluent pas et ne semblent se caractériser que par leurs réactions devant des situations données : « Le théâtre d'Anouilh est un théâtre de situations et ses pièces sont un commentaire dialogué de ces situations. » (*Le Théâtre de Jean Anouilh*, 1963).

C'est du reste cet art du dialogue qui a le plus souvent retenu l'attention de la critique aux yeux de laquelle Anouilh reste, avant tout, un dramaturge à l'habileté exceptionnelle, maîtrisant parfaitement les ficelles du métier.

« Le monde théâtral d'Anouilh est savamment organisé. Tel un ballet minutieusement réglé, où chaque pièce du décor est à sa place, où chaque danseur exécute son numéro, où chaque geste est étudié, où rien n'est laissé au hasard, où la parole brillante répond à la perfection de la forme. » (Thérèse Malachy, *Jean Anouilh, les problèmes de l'existence dans un théâtre de marionnettes*, 1978).

Pour Henri Lemaître, on trouve enfin réalisée, dans l'œuvre d'Anouilh, cette « fusion, et non pas le simple mélange ou la simple juxtaposition du tragique et du comique, que le drame [...] avait tenté sans la réussir ». (*Littérature. L'aventure littéraire du XXᵉ siècle, 1920-1960*, 1984).

Enfin, selon Jacques Robichez, « le talent d'Anouilh est fait d'un goût parodique de la tirade, de l'élégance verbale. Il se plaît aux manières un peu surannées. [...] Il cherche, et réussit très bien, à choquer. Il a écrit les ''Misanthrope'' du XXᵉ siècle en plusieurs exemplaires [...] mais il sait varier les situations où il [les] exprime avec une dextérité technique remarquable. » (*Précis de littérature française du XXᵉ siècle*, 1985).

Index thématique

Les pages indiquées sont celles de notre édition de référence.

Plans et sujets de travaux

COMMENTAIRE COMPOSÉ

De « Il est plus fort que nous, Antigone » à « Moi, tu sais, je ne suis pas très courageuse » (p. 26-27).

Introduction

Entre Antigone et Ismène règne l'incompréhension. Leur enfance a fait des deux sœurs des rivales que tout sépare : la beauté, le courage et l'obéissance.

Devant le devoir d'enterrer Polynice, malgré l'interdiction de Créon, Ismène faiblit. Elle paraît raisonner Antigone — tandis que celle-ci lui oppose le « refus de comprendre » — mais, en réalité, elle a peur et tente, ici, de communiquer cette peur à sa sœur.

Première partie : Une vision de cauchemar

A - Une construction symétrique

La longue tirade d'Ismène répond à la précédente tirade d'Antigone (p. 25-26).

— Opposition entre deux visions : celle d'une vie heureuse qu'Antigone n'a pas été autorisée à vivre et la vision de cauchemar qui risque de se réaliser.

— Opposition entre ce qu'il « fallait comprendre » (Antigone, p. 26) et ce que l'on peut imaginer (Ismène).

— Opposition entre un passé (« il fallait ») et un futur proche (« il faudra »).

— Reprise d'un certain nombre de thèmes :

« Toucher à la belle eau fuyante » devient « leurs grosses mains lavées » et « cracheront à la figure » ;

« courir dans le vent » devient « avancer dans leur haine » ;

« jusqu'à ce qu'on tombe » devient « au point où on ne peut plus la supporter ».

B - La progression (la tirade principale d'Ismène)

Parallèle avec les différentes étapes de la Passion du Christ (avancer au milieu de la foule et subir, successivement, différents outrages), ainsi que quelques références à la Révolution (la charrette).

- *Le début*

Au « Je ne t'écoute pas » d'Antigone succède le « Ils nous hueront » d'Ismène. C'est une opposition violente entre :

- — une négation/une affirmation ;
- — un présent/un futur ;
- — « je » et « tu »/« ils ».

En exprimant cette vision de « bruit et de fureur », Ismène cherche à briser le silence d'Antigone. Au calme de l'une s'oppose la frayeur de l'autre.

- *Le développement*

On peut supposer qu'au cours de la nuit Ismène a plusieurs fois ressassé les différentes étapes du supplice. De ce fait, son discours apparaît comme obsessionnel.

Le caractère inéluctable de ce qui est redouté est marqué par :
- — la répétition de « ils nous » + verbe au futur ;
- — la répétition de « il faudra ».

- *La fin*

Le récit du déroulement de l'action s'arrête juste avant l'instant ultime de la mort. Aller plus loin serait intolérable. La montée de la douleur se traduit par une montée du son qui devient aigu (« la douleur monte […] comme une voix aiguë… »).

C - Douleur morale et souffrance physique

La vision de cauchemar d'Ismène se décompose en deux parties bien distinctes :
- — du début jusqu'à « bien ou mal » : la douleur morale ;
- — de « Et souffrir » jusqu'à la fin : la souffrance physique.

Ces deux parties se juxtaposent plus qu'elles ne s'enchaînent :
— la première s'achève sur des points de suspension ;
— la seconde débute par une interrogation qui rappelle le point essentiel : « Et souffrir ? »

Néanmois, l'enchaînement a lieu. Il se fait à partir de la double signification (morale et physique) du mot « mal ».

• *La douleur morale*

C'est la liste des traditionnels outrages, humiliations et vengeances, que subit, de la part de la foule, le condamné marchant au supplice. Il s'agit presque de clichés — la référence fondamentale étant la Passion du Christ.

Les sens de la victime sont affectés :
— l'ouïe : « hueront », « rires » ;
— le toucher : « prendront », « cracheront » ;
— l'odorat : « odeur » ;
— la vue : « visages », « regard ».

Cependant, ces clichés prennent ici un aspect quelque peu monstrueux :
— multiplication des individus : « des milliers et des milliers », « mille bras », « mille visages » ;
— rappel de l'Hydre de Lerne, monstre au corps surmonté de nombreuses têtes. Ici, c'est « leur unique regard » pour « mille visages » ;
— évocation d'une phobie des insectes avec « grouillant » (première réplique d'Ismène).

• *La souffrance physique*

La souffrance est présentée comme un niveau qui monte régulièrement, jusqu'à atteindre une limite extrême, comme une progression que l'on ne peut ni accélérer, ni ralentir, ni arrêter.

Pour traduire cette perception hypersensible du temps, Anouilh alterne les modes et les temps : futur, présent, passé composé, présent du conditionnel.

Cette souffrance est exprimée de façon impersonnelle : pas de « je » ni de « nous », mais « il » et « on ». C'est l'ultime degré de cette souffrance qui coïncide avec un retour du « je » : « Oh ! je ne peux pas, je ne peux pas... »

Deuxième partie : Un portrait d'Ismène

A - Un personnage aristocratique

• *Mépris et dégoût pour la masse*

Le dégoût d'Ismène pour la réalité est évident : « leur odeur », « congestionnées sur leurs cols raides », « leurs grosses mains lavées ».

• *Sentiment d'appartenir à une caste aristocratique*

Ismène, fille de roi, n'est jamais au contact de la foule. Pour la première fois, elle sera touchée par le peuple, ce qui signifie une déchéance sociale.

Sans atteindre au pamphlet politique, Anouilh oppose ici aristocratie et démocratie : la référence à la « charrette » renvoie aux épisodes de la Révolution.

B - Une Ismène instinctive, impulsive, hypersensible

On connaissait jusqu'alors une Ismène raisonneuse, réfléchie, qui représentait le bon sens : « J'ai bien réfléchi toute la nuit. Je suis l'aînée. Je réfléchis plus que toi » (p. 24) — en totale opposition avec Antigone : « Il y a des fois où il ne faut pas trop réfléchir » (p. 24). Ce passage commence bien, du reste, par une réflexion de bon sens : « Il est plus fort que nous, Antigone. »

Cependant, sans transition, les propos d'Ismène vont brusquement traduire une peur incontrôlée (« grouillant ») et l'Ismène qui apparaît alors a perdu toute maîtrise d'elle-même : elle offre le visage émouvant d'une jeune fille qui ne connaît plus que l'angoisse. Et à l'affirmation d'une détermination (« je ne veux pas mourir », p. 24) succède, dans un cri désespéré, l'aveu d'une faiblesse (« je ne peux pas, je ne peux pas... »).

C - L'aveu

Il s'agit de la phase ultime : « Moi, tu sais, je ne suis pas très courageuse. » La simplicité de l'aveu, le ton de confidence, la recherche d'une complicité avec Antigone (« tu sais ») sont très émouvants : la véritable Ismène, c'est cette jeune fille (on pourrait presque dire cette petite fille) qui, par un euphémisme (« je ne suis pas très... »), se révèle n'être pas courageuse du tout.

Ismène est donc un personnage qui se complaît à tenir des discours, soit rationnels (« je réfléchis »), soit irrationnels (la vision de cauchemar), et qui cherche à éviter cette vérité, très simple et très banale : elle n'est pas courageuse.

Troisième partie : l'intensité dramatique

A - Antigone

Non seulement Antigone parle ici très peu, mais elle ne semble guère attentive aux propos de sa sœur et ne l'écoute pas véritablement. Elle paraît étrangère à ce que vit Ismène et refuse de l'entendre : elle est ailleurs (« je ne t'écoute pas »). Elle vient d'évoquer l'image d'une vie heureuse et tout se passe comme si elle tenait à préserver cette vision de bonheur. D'autre part, elle n'a rien à attendre des arguments d'Ismène : de toute façon, il est trop tard.

« Comme tu as bien tout pensé ! » Ici, l'ironie perce et Antigone apparaît comme un personnage beaucoup plus froid que jusqu'alors. Enfin, le « Si, bien sûr » qu'elle adresse à sa sœur est une réponse on ne peut plus laconique qui dit bien à quel point les propos d'Ismène apparaissent à la jeune fille d'une grande évidence et d'une grande naïveté.

B - Le désaccord

Il existe une réelle tension entre les deux sœurs. Ismène cherche à faire revenir Antigone sur sa décision. Elle ne veut pas s'impliquer dans un acte de désobéissance. Elle a déjà pris sa décision : elle n'ira pas (« nous ne pouvons pas », p. 23).

Le mouvement de la scène va, en réalité, de ce « Nous ne pouvons pas » froid et réfléchi, au pathétique « Je ne peux pas » d'une Ismène que la représentation de la douleur terrasse.

Autant le début de la scène était centré sur le personnage d'Antigone (il s'agissait de convaincre celle-ci), autant cet extrait fait apparaître au premier plan le personnage d'Ismène.

C - Une situation dramatique

• *Une situation anachronique*

Ismène vient convaincre Antigone de ne pas commettre un acte qui, en réalité, a déjà été commis. Le contraste s'établit entre une Antigone tournée vers un passé très proche — cet acte qu'elle vient d'accomplir — et une Ismène effrayée par la pensée de ce qui les attend : c'est un dialogue impossible.

- *Un renversement des rôles*

Antigone a commis l'acte irréparable, c'est elle qui mourra, mais ce n'est pas elle qui évoque le châtiment : c'est sa sœur, d'ores et déjà sauvée, qui décrit la mise à mort.

- *L'innocence cruelle d'Antigone*

Ismène, sans le savoir, décrit à Antigone le châtiment que celle-ci sait devoir subir : elle inflige donc à sa sœur la description détaillée d'une réalité dont celle-ci sait parfaitement que c'est ce qui l'attend. Et pourtant Antigone supportera ce récit jusqu'au bout, sans avouer à Ismène qu'elle a déjà agi : elle tient auparavant à parler à Hémon, le seul être qui la rattache encore à la vie. Ce n'est en effet qu'après cette entrevue qu'elle avouera la vérité à sa sœur : « C'est trop tard. Ce matin, quand tu m'as rencontrée, j'en venais » (p. 46).

Conclusion

La scène continue par un hymne à la vie (p. 28) qu'Antigone avait déjà esquissé avant la longue tirade d'Ismène et qu'elle réitère désormais dans un murmure. Au cri d'horreur d'Ismène qui semble prête à s'évanouir à l'évocation du châtiment funeste succède la vision apaisée et nostalgique d'Antigone.

Il est dans la logique de la tragédie que le héros, qui va mourir, soit le personnage dont l'attachement à la vie est le plus fort. Mais c'est aussi celui dont l'isolement est le plus manifeste, et la crainte de la mort qu'exprime ici Ismène permet à Anouilh de souligner, une fois de plus, la solitude tragique d'Antigone.

DISSERTATIONS

I. Commentez, en vous aidant de votre lecture d'*Antigone*, la réflexion suivante sur le théâtre :

« Le naturel, le vrai, celui du théâtre, est la chose la moins naturelle du monde, ma chère. N'allez pas croire qu'il suffit de retrouver le ton de la vie. D'abord dans la vie le texte est toujours si mauvais ! [...] C'est très joli la vie, mais cela n'a pas de forme. L'art a pour objet de lui en donner une précisément et de faire par tous les artifices — plus vrai que le vrai. » (Jean Anouilh, *La Répétition ou l'Amour puni,* acte II).

On pourra se référer à l'étude du langage et des personnages dans la « Synthèse littéraire », ainsi qu'au commentaire des scènes avec la nourrice et surtout avec les gardes.

II. Montrez comment *Antigone* de Jean Anouilh peut être l'illustration de cette réflexion de Michel Tournier en 1981 :
« La fonction des grandes figures mythologiques n'est sûrement pas de nous soumettre aux ''raisons d'État''... Le **mythe** n'est pas un rappel à l'ordre, mais bien plutôt un rappel au désordre. »

On pourra se reporter au résumé du mythe des Labdacides (p. 9), à l'étude du personnage d'Antigone dans la « Synthèse littéraire » et aux citations concernant le pouvoir.

SUJETS D'EXPOSÉS

— La jeune fille dans le théâtre de Jean Anouilh.
(Voir l'étude des personnages féminins dans la « Synthèse littéraire » et, dans l'« Index thématique », les citations et les renvois à l'enfance et à la vie.)
— Comparaison entre la pièce de Sophocle et celle de Jean Anouilh.
(Voir « Synthèse littéraire ».)
— Étudier la reprise du mythe d'Œdipe, trente ans après *Antigone,* dans *Œdipe ou le roi boiteux,* de Jean Anouilh.

QUESTIONS D'ENSEMBLE

— L'enfance dans *Antigone* (voir « Index thématique »).
— *Antigone* est-elle une tragédie ou un drame ? (voir commentaire p. 38 et « Synthèse littéraire »).
— Les gardes (voir commentaire p. 41 et « Synthèse littéraire »).

Bibliographie essentielle

Les éditions d'*Antigone*
Éditions de la Table Ronde, 1947 ; en recueil, dans les *Nouvelles Pièces noires* (avec *Jézabel, Roméo et Jeanette, Médée*), 1946.

Éditions de la Table Ronde en collaboration avec Didier, « Les classiques de la civilisation française, *Antigone* », présentée par R. Laubreaux, 1964 (édition accompagnée d'une étude critique).

Sur le mythe des Labdacides
P. GRIMAL, *Dictionnaire de la mythologie grecque et romaine*, PUF, 1963.

Pour l'étude des genres théâtraux
C. PUZIN, *XVII*, *Textes et documents,* coll. « Littérature », Nathan, 1987 (p. 178-179, la tragédie grecque ; p. 229, la tragédie classique ; p. 269, le héros tragique).

V. HUGO, préface à *Cromwell* (sur le drame).

Sur le théâtre de l'entre-deux-guerres
H. LEMAITRE, *L'Aventure littéraire du XXᵉ siècle, 1920-1960,* coll. « Littérature », Bordas, 1984 (3ᵉ partie, chapitre I).

J. ROBICHEZ, *Précis de littérature française du XXᵉ siècle*, PUF, 1985.

Sur l'œuvre de Jean Anouilh
P. GINESTIER, *Jean Anouilh*, coll. « Théâtre de tous les temps », Seghers, 1969.

Articles de l'*Encyclopaedia Universalis* et du supplément à l'année 1987.

TABLE DES MATIÈRES

PHOTOS
6 : Roger Viollet
12 : BN/Collection Barsacq
22, 42, 46, 49, 60 : Agence Bernard

ÉDITION : Annie Chouard
MAQUETTE : Christine Chenot
COUVERTURE : Juliette Saladin

N° Éditeur : 10081919-XIII-38 - OSB 80°
Dépôt légal : janvier 2001
Imprimé en France par I.M.E. - 25110 Baume-les-Dames
N° d'imprimeur : 14686